Hanna Fischer

Kreative Projekte zum textilen Gestalten

3. und 4. Klasse

Persen Verlag GmbH

Die Autorin:
Hanna Fischer ist Fachlehrerin und Fachleiterin für Arbeitslehre/Technik an einer Schule für Körperbehinderte.

Gedruckt auf umweltbewusst gefertigtem, chlorfrei gebleichtem und alterungsbeständigem Papier.

1. Auflage 2009
Nach den seit 2006 amtlich gültigen Regelungen der Rechtschreibung
© by Persen Verlag GmbH, Buxtehude
Alle Rechte vorbehalten

Fotos: Hanna Fischer
Illustrationen: Julia Flasche
Satz: MouseDesign Medien AG, Zeven

ISBN 978-3-8344-**3476**-0

www.persen.de

Inhaltsverzeichnis

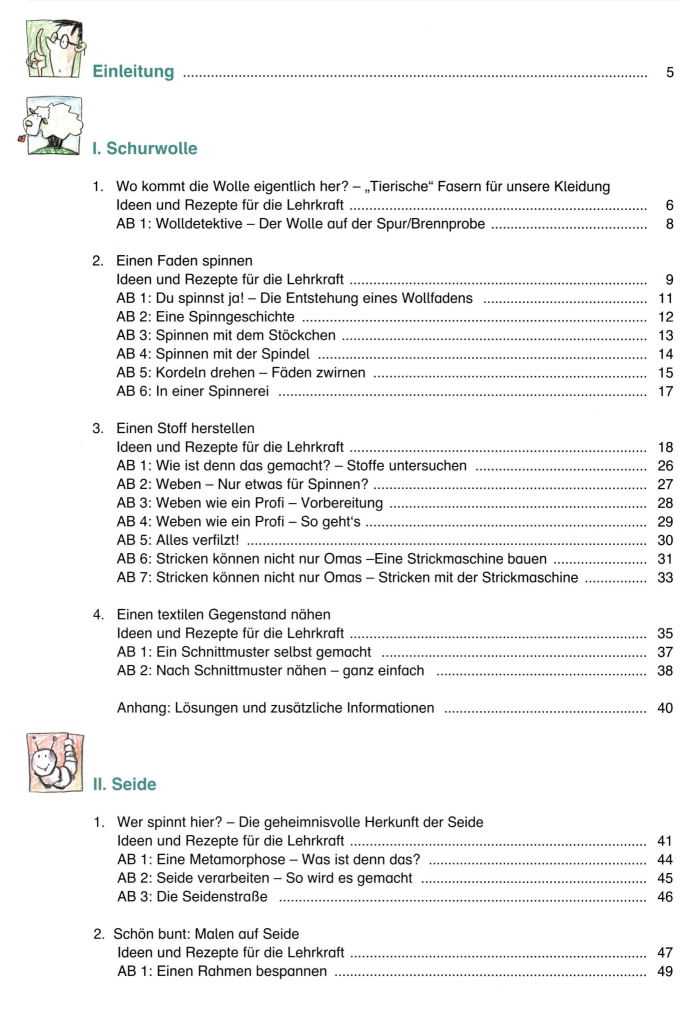

III. Baumwolle

IV. Flachs & Co – Noch mehr Fasern aus Pflanzen

Anhang

Die kreativen Projekte zum textilen Gestalten wollen die Lücke zwischen trockener Theorie und interessanten, abwechslungsreichen Anregungen für die Unterrichtspraxis schließen. Kinder merken sich den „Stoff" besser, wenn er zum Anfassen vorbereitet ist. Ausgehend vom Urbedürfnis des Menschen, sich zu kleiden, werden Herkunft und Gewinnung textiler Rohstoffe sowie grundlegende textile Arbeits- bzw. Fertigungstechniken behandelt. Bekanntes, Erprobtes und Bewährtes sind hier systematisch ausgewählt, zusammengestellt und Schritt für Schritt aufbereitet.

Viele Unterrichtswerke vermitteln hierzu einen stark komprimierten, dafür aber gut strukturierten theoretischen Überblick, jedoch recht wissenschaftlich oder mit wenig ansprechenden Zeichnungen. Andererseits begeistern motivierende, bunt bebilderte Arbeitsmaterialien, die aber mehr das Gestalterische und weniger die Einbindung in textile Gesamtzusammenhänge berücksichtigten.

Auch reicht es nicht aus, etwas „Niedliches" zu produzieren, sondern die Entstehungs- und Produktionszusammenhänge sollen für die Schüler sichtbar und greifbar werden. Dies geschieht durch kurze Informationen und das Schaffen von Erfahrungen mit Materialien, Werkzeugen und Arbeitstechniken auch außerhalb der Schule.
Das Bild eines „langweiligen Textilunterrichts", teilweise verbunden mit traumatischen Erinnerungen an die eigene Schulzeit, geistert noch in den Köpfen vieler Unterrichtender herum. Hinzu kommt die Schwierigkeit, in diesem Bereich sowohl den Interessen und Fähigkeiten der Mädchen als auch denen der Jungen gerecht zu werden. Die strukturiert gegliederten Projekte wollen deshalb das Wissen über Textilien mit kreativem, lustvollem Tun verbinden und es so zu einem interessanten Unterrichtsgegenstand sowohl für Mädchen als auch für Jungen machen.

Mit textilen Rohstoffen aus der Natur lässt sich Herkunft und Verarbeitung sehr anschaulich und handelnd nachvollziehbar im Sachunterricht der Grundschule erfahren: Der rote Faden zieht sich von der **Faser** durch Spinnen zum **Garn,** durch Weben, Filzen und Stricken zum **Stoff** (textile Fläche), durch Nähen zum **textilen Produkt** (z. B. Kleidungsstück).

Während der gesamten Grundschulzeit können immer wieder einzelne Unterrichtsvorhaben hieraus ausgewählt und mit anderen kombiniert werden. Die Themen sind sowohl im Sachunterricht als auch im Textilen Werken der verschiedenen Grundschulrahmenpläne enthalten.

Da spezielles Fachwissen nicht von allen Unterrichtenden vorausgesetzt werden kann, wird auf einfache Weise …
1. eine knappe kindgerechte Information über in der Natur vorhandene textile Rohstoffe gegeben und anhand von Arbeitsblättern verdeutlicht,
2. in abwechslungsreichen und motivierenden Unterrichtsvorhaben eine Auswahl textiler Arbeitstechniken in bebilderten Schritt-für-Schritt-Anleitungen gezeigt.

Weitere Vorteile auf einen Blick:

- Die klare Übersicht hilft, eine gezielte Auswahl für die zu unterrichtende Gruppe zu treffen.
- Ideen und Rezepte ermöglichen den Lehrenden einen thematischen Einstieg.
- Werkzeug- und Materiallisten erleichtern die Vorbereitung.
- Schritt-für-Schritt-Anleitungen helfen bei der Umsetzung.
- Arbeitsvorlagen können kopiert und direkt im Unterricht – auch differenziert – eingesetzt werden.
- Zahlreiche farbige Bilder ergänzen und veranschaulichen den Inhalt.
- In den Anhängen finden sich zum jeweiligen Thema Lösungen, Literatur, Bezugsadressen und weitere Anregungen.
- Alle Projekte sind auch für den Unterricht in Förder- und speziellen Sonderschulen geeignet.
- Durch das große Spektrum ist das vorliegende Werk sowohl für Lehrkräfte in unterschiedlichen Schulformen, als auch für Studierende, Referendare und andere Interessierte geeignet.

Na dann, viel Freude beim Stöbern, Surfen, Entdecken, Auswählen, Vorbereiten und bei der Durchführung!

Hanna Fischer

1. Wo kommt die Wolle eigentlich her?

Ideen und Rezepte für die Lehrkraft

Am Beispiel der Schurwolle lassen sich sowohl die Herkunft und Gewinnung der Faser als auch grundlegende textile Techniken wie Spinnen (Herstellung eines Fadens aus Fasern), Weben, Stricken, Filzen (Herstellung einer textilen Fläche aus Fäden und aus Fasern) und Nähen (Verbinden von Stoffteilen zu einem textilen Produkt) am anschaulichsten nachvollziehen.

Schurwollfasern

Einstieg in die Materie

Benötigte Materialien und Werkzeuge:
- ✓ ungewaschene sowie ungekämmte Rohwolle
- ✓ Schaffell
- ✓ Abbildungen von Schafen
- ✓ Weltkarte
- ✓ Schere
- ✓ Lineal
- ✓ Zubehör für die Brennprobe (AB 1)

Aufgaben und Impulse:
- Mit geschlossenen oder verbundenen Augen **fühlen** die Kinder ein Stück Rohwolle. Sie **beschreiben,** was sie fühlen, ohne zu verraten, um was es sich handelt. Ist es hart oder weich, kalt oder warm, leicht oder schwer, elastisch oder fest und wie noch?
- Mit geschlossenen Augen **riechen** sie an der Wollflocke und beschreiben den Geruch. Dabei finden sie leicht heraus,

dass dieser Geruch an „Bauernhof" erinnert und dieses Material vom Tier kommen muss.
- Sie **betrachten** es und finden heraus, dass es sich um Wolle handelt.
- Sie **pusten** die leichten Wollflocken über den Tisch.

Wandzeitung zum Thema Schurwolle

Danach erkunden die Kinder die Schurwolle weiter. Dazu werden alle **Beiträge gesammelt** und Informationen zusammengefasst:
- Die **Wolle ist das Haar des Schafes:** Die Kinder ziehen ein einzelnes Wollhaar heraus und vergleichen es mit einem ihrer eigenen Haare.
- **Dieses Haar nennt man „Faser".** Die Länge der Faser messen und aufschreiben.
- Abbildungen von Schafen betrachten: Es gibt verschiedene **Schafrassen.** Die Kinder erzählen, ob und wo sie schon einmal Schafe gesehen haben. Was fressen Schafe? Welche Bedürfnisse haben sie?
- **Vorteile ihres Felles** herausfinden: Was geschieht, wenn es regnet? Ein wenig Wasser wird über die Wollflocke gegos-

H. Fischer: Kreative Projekte zum textilen Gestalten
© Persen Verlag GmbH, Buxtehude

sen. Die Kinder beobachten, dass das Wasser abperlt. Der Grund: Wolle enthält Fett (Wollfett, auch Lanolin genannt), damit das Schaf nicht nass wird und sich erkältet. Die Kinder kuscheln mit einem Schaffell. Dann **schreiben** sie die **Eigenschaften der Schafwolle** auf: z. B. weich, warm, elastisch, Wasser abweisend.

Hinweis: Wolle kann außerdem sehr viel Feuchtigkeit aufnehmen, ohne sich feucht anzufühlen.

- **Haupterzeugerländer von Wolle** auf der Weltkarte finden: Australien, China, Neuseeland, Argentinien, GUS-Staaten.
- Abbildungen von Schafen ausschneiden und eine **Wandzeitung** herstellen. Auch die Wollfaser und die Wollflocke aufkleben. Und nicht vergessen: Auch alle Informationen rund um das Schurwollzeichen, dem Wollsiegel, dazuschreiben.
- Aus verschiedenen Stoffen Wolle durch **Brennprobe** herausfinden, aber mit der Baumwolle beginnen, da hier der Geruch am wenigsten intensiv ist. **(AB 1)** Wolle ist eine tierische Faser, eine Eiweißfaser, die beim Verbrennen zu einer stinkenden schwarzen Masse verschmort. Im Gegensatz dazu ist Baumwolle eine pflanzliche Faser, eine Zellulosefaser, die hell brennt, weiße Asche und einen

Abgeschorene Wolle

Geruch nach verbranntem Papier oder Holz hinterlässt. Interessant ist es, ein eigenes Haar zu verbrennen und zuzuordnen. **Achtung:** Bei der Brennprobe für gute Belüftung sorgen.

- Einen **Besuch bei Schafen** planen und durchführen: Am schönsten wäre es, wenn die Kinder beobachten könnten, wie ein Schaf geschoren wird (im Mai). Auf jeden Fall sollten die Kinder die Schafe anfassen dürfen.

Zu Besuch bei Schafen

Wolldetektive – Der Wolle auf der Spur

Tuch und Technik Museum Neumünster

Du brauchst:
- ✓ kleine Stoffstücke und Fasern aus Baumwolle, Leinen, Seide und Schurwolle
- ✓ Pinzette oder Greifzange, Teelicht, feuerfeste Unterlage (Tablett oder Blech)
- ✓ Anzünder oder Streichhölzer (mit Erlaubnis!), Wasser zum Ablöschen
- ✓ Schutzbrille

Mache die Brennprobe.

1. Stelle ein feuerfestes Tablett als Unterlage auf den Tisch.

2. Lege Pinzette, Teelicht und ein sehr kleines Stückchen Stoff oder Faserbüschel darauf.

3. Zünde das Teelicht an oder bitte deine Lehrkraft, es zu tun.

4. Nimm jeweils ein Stoffstückchen oder wenige Fasern mit der Pinzette auf und halte sie vorsichtig in die Nähe der Flamme, bis es brennt.

5. Beobachte, welche Farbe die Flamme hat und wie sie brennt.

   _____

6. Welche Farbe und welches Aussehen hat die Asche?

   _____

7. Wie riecht die Brennprobe? Woran erinnert dich dieser Geruch?

   _____

8. Schneide ein eigenes Haar ab und mache die Brennprobe. Wie riecht das?

   _____

9. Damit habe ich die Brennprobe gemacht:

   ```
   Klebe hier die Fasern
   oder ein Stück Stoff ein.
   ```

   Name der Faser: _____

H. Fischer: Kreative Projekte zum textilen Gestalten
© Persen Verlag GmbH, Buxtehude

Ideen und Rezepte für die Lehrkraft

Benötigte Materialien und Werkzeuge:
- ✓ Rohwolle, ungekämmt
- ✓ Wollgarne in verschiedenen Farben und Stärken
- ✓ Karden zum Kämmen der Wolle
- ✓ Lineal
- ✓ Maßband
- ✓ Stöckchen aus Holz, 15 cm lang
- ✓ Handspindeln
- ✓ Rundstäbe, 20 cm lang oder Bleistifte
- ✓ Scheren
- ✓ Spinnrad (falls vorhanden)

Aufgaben und Impulse zur Entstehung des Wollfadens (AB 1–6):

- Wenn die Kinder bei einer Schafschur zusehen konnten, wissen sie, wie die Wollhaare abgeschnitten werden. Aber auch durch das Ansehen von Filmen (ausleihbar in den Landesbildstellen) und Bildmaterial ist die Schafschur leicht nachvollziehbar. Wichtig für die Kinder zu wissen: Es wird im Mai geschoren, damit die Schafe nach der Schur nicht frieren bzw. im Sommer nicht schwitzen. Das Scheren tut den Schafen nicht weh, genauso, wie das Haareschneiden beim Friseur nicht schmerzt.

- Das abgeschorene **Vlies wird gewaschen und gekämmt.** Die Kinder erproben das Kämmen mit Wollkarden. Zunächst wird die **Wolle gezupft,** sodass grobe Verunreinigungen herausfallen. Ein kleiner Teil der Wollflocke wird auf die Widerhäkchen der Karde gelegt und mit der zweiten Karde in eine Richtung **gekämmt.** (In Partnerarbeit möglich!) Sind die Wollhärchen ausgekämmt, werden sie von der Karde abgenommen.

Nun sieht die krause Wollflocke glatter und voluminöser aus. Sie fühlt sich viel weicher und angenehmer an. Zum Kardieren gibt es auch eine Trommelkarde mit zwei Walzen und einer Kurbel zum Drehen.
Die Kinder erproben jetzt, auf welche Weise sie **aus der Wollflocke einen**

Wolle auf der Karde

Wolle von den Karden abnehmen

Wolle kämmen mit Karden

Kardiermaschine

Faden herstellen können. Sie werden ermutigt, die Fasern vorsichtig in die Länge zu ziehen. Doch die nebeneinander liegenden Fasern fallen auseinander. Erst durch das gleichzeitige Drehen entsteht ein Faden. Diese Tätigkeit hat einen besonderen Namen: **Spinnen. (AB 1 u. 2.** Die Aufgaben zum Mitmachen in der Spinngeschichte sind kursiv gedruckt.)

• Die gesponnenen **Fäden messen** und zum Vergleich aufhängen: Wie lang ist mein Faden geworden?
• Die Kinder erproben, Fäden mit dem Stöckchen **(AB 3),**
• mit einer Spindel **(AB 4)** oder mit einem Spinnrad zu **spinnen.** Gesponnen wird immer im Uhrzeigersinn. Die Spindel besteht aus dem Stab (Spindel) und der Schwungscheibe (Wirtel).

Eine selbsthergestellte Spindel

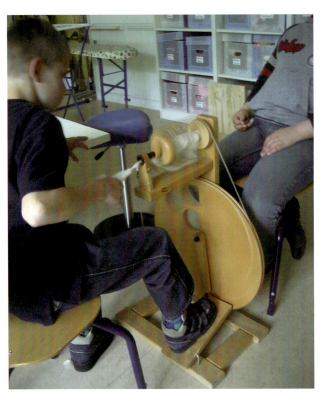

Ein Spinnrad

• Aus einem Rundstab und einer Scheibe als Wirtel lässt sich eine Spindel leicht selbst herstellen.
• Aus mehreren Wollfäden (Garnen) **drehen** die Kinder eine Kordel und erfahren, wie ein Zwirn entsteht **(AB 5).**
• Verschiedene **Wollgarne und -zwirne** werden vorsichtig auseinandergezogen und es wird gezählt, aus wie vielen **Einzelfäden** sie bestehen.
• Die Aufgaben des **Spinnrades** übernehmen heute Maschinen. Bei einem Besuch in einer **Wollspinnerei,** bei einer Museumsvorführung oder durch einen Film können die Kinder sehen, wie Rohwolle zu Fäden gesponnen wird **(AB 6).**
• In Heimat- oder Freilichtmuseen kann man sich Spinnräder und andere Geräte ansehen, oft auch ausprobieren.
• Es gibt viele Lieder und Märchen zu diesem Thema (Info im Anhang).

H. Fischer: Kreative Projekte zum textilen Gestalten
© Persen Verlag GmbH, Buxtehude

Du spinnst ja! – Die Entstehung eines Wollfadens

Füge die fehlenden Wörter ein.

Faden ◆ Schäfer ◆ Fasern ◆ spinnen ◆ Schaf ◆ Schaffell ◆ Zwirn ◆ schert

1. Der _____

_____

das _____

Schafschur

2. Das _____

besteht aus vielen kleinen Härchen,

den _____.

Rohwolle

3. Durch Drehen und Ziehen wird ein

_____ hergestellt.

4. Diese Tätigkeit heißt

_____.

Durch Ziehen und Drehen entsteht ein Faden.

5. Zwei und mehr Garne umeinander

gedreht ergeben zusammen einen

_____.

Eine Spinngeschichte

Lies und probiere aus.

> **Du brauchst:**
> ✓ Rohwolle
> ✓ etwas Wasser
> ✓ ein Lineal
> ✓ ein Maßband

Nimm dir eine Wollflocke. Schließe die Augen und fühle: Sie fühlt sich weich und warm an. Die Wolle ist das Fell des Schafes. Sie schützt es vor Kälte und Nässe.
Schütte ein wenig Wasser über die Wolle und beobachte, wie es abperlt.

Im Sommer wird das Schaf vom Schäfer oder vom Schafscherer geschoren. Das ist genauso schmerzlos wie bei dir, wenn du zum Friseur gehst. Wir brauchen die Wolle der Schafe für warme Kleidung.

In der Wollflocke sind viele, viele kleine dünne Härchen, die Fasern. *Ziehe eine Faser heraus und miss mit einem Lineal, wie lang sie ist.*

Manche Fasern sind 5, manche 10, manche sogar 15 oder 18 cm lang. *Drehe einen Faden, der länger als 18 cm ist: Ziehe vorsichtig die Fasern aus der Wollflocke und drehe einen langen Faden mit den Fingerspitzen. Du kannst die Wolle zwischen deine Knie klemmen und mit beiden Händen ziehen und drehen. Oder du findest einen Partner oder eine Partnerin zum Spinnen.*

Zum Spinnen braucht man viel Geduld. Wie lang wird dein Faden?
Steige auf den Stuhl und zeige ihn. Ist er länger geworden als das Lineal?
Miss ihn mit dem Maßband.

 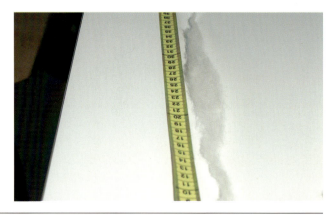

H. Fischer: Kreative Projekte zum textilen Gestalten
© Persen Verlag GmbH, Buxtehude

Spinnen mit dem Stöckchen

Sieh die Fotos an und lies die Anleitung. Dann spinne.

Du brauchst:
- ✓ ein Stöckchen, 15 cm lang
- ✓ gekämmte Rohwolle

1. Ziehe an der Wolle und drehe sie dabei, sodass ein Fadenanfang entsteht. Knote diesen Fadenanfang in der Mitte des Stöckchens fest.

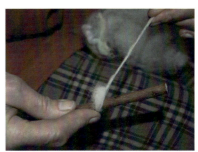

2. Lege das Stöckchen mit dem Faden auf deinen Oberschenkel. Halte mit einer Hand die Wolle, mit der anderen flachen Hand schiebst du über das Stöckchen, sodass es auf deinem Oberschenkel in Richtung Knie rollt. Wiederhole dies immer wieder.

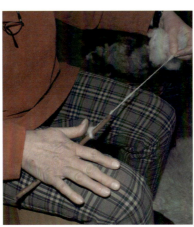

3. Beobachte, wie sich dabei der Faden dreht und immer länger wird. Wickle dann das fertige Fadenstück um das Stöckchen und spinne danach weiter.

4. Zum Schluss ziehe das Ende durch eine Schlinge, damit der aufgewickelte Faden auf dem Stöckchen bleibt.

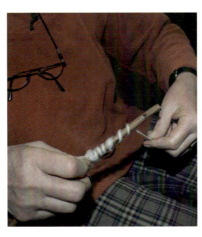

Tipp: Das Abrollen des Stöckchens unter der flachen Hand beginnst du bei den Fingerspitzen. Von dort rolle es zum Knie. Nun liegt es unter dem Handballen. Lege es zurück auf den Oberschenkel und beginne wieder bei den Fingerspitzen.

Spinnen mit der Spindel

Sieh dir Fotos und Text genau an. Dann spinne.

> **Du brauchst:**
> ✓ gekämmte Wolle
> ✓ eine Handspindel

1. Ziehe an der Wolle und drehe sie dabei, sodass ein Fadenanfang entsteht.

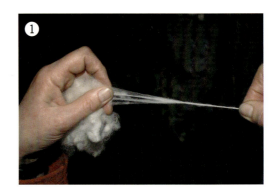

2. Knote diesen Fadenanfang oben an der Spindel fest.

3. Lasse die Spindel mit dem Wirtel nach unten hängen und gib ihm Schwung, damit sich die Spindel dreht.

4. Halte dabei gut die Wollflocke mit dem Wollfaden fest. Der Faden dreht sich um sich selbst und wird dadurch immer fester. Ist die Spindel am Fußboden angekommen, wickle den fertig gesponnenen Faden auf die Spindel auf, mache oben eine Schlinge wie beim Stöckchenweben und gib wieder Schwung.

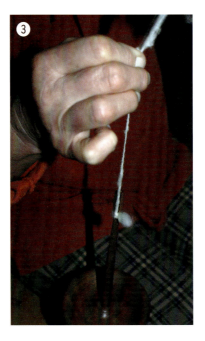

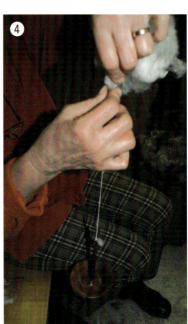

> **Tipp:** Drehe immer in die gleiche Richtung. Lass dich nicht entmutigen, wenn das Spinnen nicht gleich klappt. Mit ein bisschen Übung kriegst du es bestimmt hin.

H. Fischer: Kreative Projekte zum textilen Gestalten
© Persen Verlag GmbH, Buxtehude

Kordeln drehen – Fäden zwirnen

Drehe eine Kordel.

Du brauchst:
- ✓ drei gleichlange Wollfäden in verschiedener Farbe
- ✓ eine Schere
- ✓ ein Rundholz oder einen Bleistift
- ✓ ein Maßband
- ✓ einen Stuhl

So geht's:

1. Schneide drei Fäden auf 2 m Länge ab.

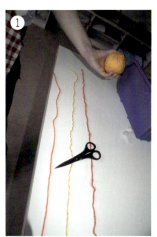

2. Verknote die Fadenanfänge an einem Holzstück.

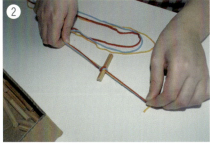

3. Die Fadenenden verknote am Stuhl in ca. 1 m Höhe.

4. Spanne die Fäden leicht und drehe sie mithilfe des Stäbchens in eine Richtung um sich selbst.

5. Haben sich die Fäden fest umeinander gedreht, bitte jemanden, die entstandene Kordel genau in der Mitte gut festzuhalten.

6. Gehe dann mit dem Anfang zum Ende der Kordel am Stuhl. Dabei muss sie stramm gehalten werden.

7. Befestige den Anfang am Ende der Kordel.

8. Übernimm vom Helfer in der Mitte deine Kordel. Lasse die Kordel in 10-cm-Abständen schrittweise los, damit sie sich (von der Mitte aus) selbst verdrehen kann, bis das End- und Anfangsstück am Stuhl erreicht ist.

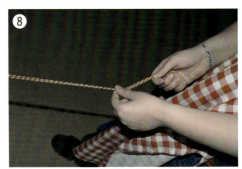  

9. Schneide die Kordel vom Stuhl ab und verknote sie.

10. Viel Freude mit der Kordel! Sie kann als Haar- oder Armschmuck, zur Geschenkverpackung und für vieles andere verwendet werden.

H. Fischer: Kreative Projekte zum textilen Gestalten
© Persen Verlag GmbH, Buxtehude

In einer Spinnerei

Ordne den Text in der richtigen Reihenfolge den Bildern zu.

So wird die Wolle in der Spinnerei gesponnen.

☐ a) Die Wollfasern werden in der Kardiermaschine geordnet und gekämmt.
   Ihre Walzen haben feine Metallborsten.

☐ b) Das Faserband wird gestreckt und zu einem Vorgarn versponnen.

☐ c) Der Faserflor wird aufgeteilt und zu einem losen Band gedreht.

☐ d) Die angelieferte Wolle wird gereinigt, in Flocken zerlegt und in Fasern
   aufgelöst. Diese Maschine heißt „Wolf". Ihre Walzen haben „Metall-Zähne".

☐ e) Das Vorgarn wird mit der Spinnmaschine zu einem Garn feingesponnen.
   Mehrere Fäden werden zum Schluss zusammengefasst und verzwirnt.

☐ f) Die Fasern werden zu einem breiten Flor zusammengefasst.

Ideen und Rezepte für die Lehrkraft

1. Stoff untersuchen

Benötigte Materialien und Werkzeuge zum Untersuchen von Stoffen (AB 1):
✓ verschiedene Schurwollstoffe oder Stoffreste, gewebt, gestrickt und gefilzt
✓ Scheren
✓ Lupe
✓ kleine Kanne mit Wasser

Aufgaben und Impulse:
- Verschiedene Stoffstücke **befühlen** und **betrachten,** Unterschiede benennen.
- Die Stoffe nach ihrer Beschaffenheit **ordnen:** elastische Stoffe – feste Stoffe – durchsichtige Stoffe – undurchsichtige Stoffe.
- Überlegungen äußern, **auf welche Weise die Stoffe hergestellt** wurden.
- Alte Wollpullover **untersuchen,** aufribbeln, Fäden und Fasern herausziehen, ebenso solche aus Wollgeweben oder -filzen.
  Bei letztgenannten feststellen, dass sich einzelne Fäden nicht entnehmen lassen, weil die Fasern durch das Filzen so eng miteinander verbunden sind.
- **Begriffe** wie „weben", „stricken", „filzen" evtl. auch „häkeln" **sammeln.**
- Feststellen, dass **Stoffe** aus Garnen gewebte, gewalkte (gefilzte), gewirkte (gestrickte) oder gehäkelte **textile Flächen** sind.

2. Gewebe kennenlernen

Benötigte Materialien und Werkzeuge zum Gewebe (AB 2):
✓ grob gewebte Stoffproben, rechteckig zugeschnitten
✓ Klebestifte

Aufgaben und Impulse:
- Beim Betrachten einer grob verwebten Stoffprobe können die Kinder **erkennen, wie dieser Stoff zusammengesetzt ist:**

Wenn sie den Stoff gegen das Licht halten und genau hinsehen, können sie entdecken, dass …
a) der Stoff aus vielen gesponnenen Fäden besteht,
b) diese Fäden sich verkreuzen und zusammenhalten, weil sie miteinander verwoben sind,
c) dieser Stoff gewebt wurde, ein „Gewebe" ist.
- Die Begriffe **„Fäden", „Gewebe"** aufschreiben.

Gewebe mit Längs- und Querfäden   *Wieder zusammengefügte Längs- und Querfäden*

- Der Sachverhalt wird geklärt: Bei einem gewebten Stoff überkreuzen sich die Fäden. Die Querfäden liegen abwechselnd über und unter den Längsfäden.
- Die Begriffe **„Kette"** für die Längsfäden und **„Schuss"** für die Querfäden werden eingeführt. Solche Stoffe entstehen durch **Weben.**
- Beim Weben von Stoffen auf Webstühlen und **Webmaschinen** werden die Querfäden so blitzschnell eingewebt, dass man dafür den Begriff „Schuss" benutzt.

Webmaschine

3. Weben

Benötigte Materialien und Werkzeuge zum Weben:

- ✓ Pappen (Din A4)
- ✓ kariertes Papier oder
- ✓ Obstkisten aus Holz, dazu Hammer und Nägel oder
- ✓ Webrahmen, Stäbchenwebgerät, wenn vorhanden, oder
- ✓ Naturmaterial wie Astgabeln, Äste, Lochsteine
- ✓ vorgestanzte Webkarten aus Pappe zum Bandweben (Fa. Labbé) (AB 3 u.4)

- ✓ Webkarton-Kreise aus Pappe (Fa. Als-Verlag) oder Fahrradfelgen
- ✓ Wollgarne in verschiedenen Farben
- ✓ Scheren
- ✓ Webnadeln (Durchziehnadeln)
- ✓ Webschiffchen
- ✓ Maßbänder
- ✓ Scheerklammern (Fa. Kircher) oder Stühle

Webgeräte

Damit das Weben nicht so mühsam ist, benötigt man dafür ein **Webgerät**. Ein einfaches **Webgerät aus einer Obstkiste** entsteht, indem an den gegenüberliegenden Schmalseiten Nägel einschlagen werden.

Webgerät aus einer Obstkiste

Eine starke **Pappe im Din-A4-Format** kann auch als einfaches Webgerät dienen: Oben und unten werden Streifen von kariertem Papier aufgeklebt, an den Rechenkästchen jeweils eingeschnitten und mit Kettfäden bespannt. Die Schussfäden werden mit einer Webnadel oder einem Webschiffchen eingeflochten.

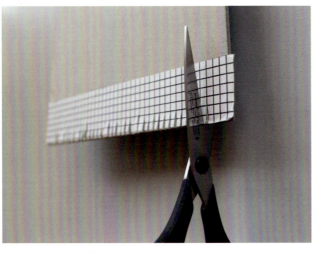

Webgerät aus Pappe

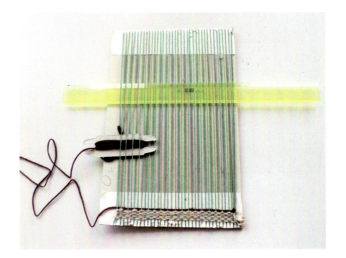

Der **Fantasie** sind keine Grenzen gesetzt:
Weben zwischen Zweigen einer Astgabel,
eines gebogenen Astes; oder Kettfäden, die
an einen Ast geknotet und mit Lochsteinen
beschwert werden; rund weben auf einem
Webkarton-Kreis und in einer Fahrradfelge;
zwischen den Stäben eines Treppengelän-
ders – es gibt viele Möglichkeiten.

Kreise

Verwebtes Treppengeländer

Um die **Technik des Schaftwebens** ken-
nenzulernen, eignen sich einfache Webkarten aus Pappe, die bei Fa. Labbé als
Bandweber erhältlich sind. Hierbei werden
– wie bei großen Webstühlen auch – die
Kettfäden durch Litzen und Litzenaugen
eingezogen. **(AB 3 und 4)**
Vorhandene **Webrahmen** können zum
Flecht- oder zum Schaftweben benutzt werden. Es gibt sie bis zu 1m Breite (z. B. von
Firma Kircher).

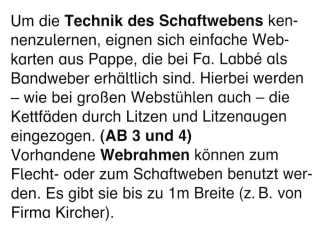

Verschiedene Webrahmen

H. Fischer: Kreative Projekte zum textilen Gestalten
© Persen Verlag GmbH, Buxtehude

Besonders einfach ist das Weben auf einem **Stäbchenwebgerät:** In jedes Stäbchen wird ein Kettfaden eingezogen, alle Stäbchen in die Leiste gesteckt und die Wollfäden um die Stäbe geflochten. Oben angekommen, werden die Stäbe herausgezogen, die eingewebten Schussfäden auf die Kette geschoben und die Stäbe wieder in die Leiste gesteckt. Dies wird so lange wiederholt, bis das Gewebe die gewünschte Größe erreicht hat.

Stäbchenwebgerät

Am einfachsten ist es, kleine Teppiche mit Streifenmustern zu weben. Sie können dann unter die selbst gebauten Möbel in die Puppenstube „Marke Eigenbau" gelegt werden.

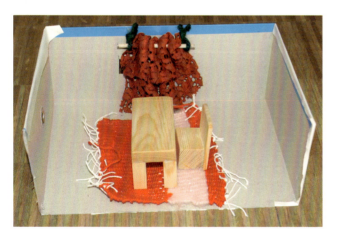

Teppich im Puppenhaus

Beim **Weben von Bildern** (Mini-Gobelins) wird eine Zeichnung (Karton) hinter die gespannten Kettfäden gelegt und die Teile der Figuren einzeln ausgewebt. Wichtig hierbei ist, dass die Kettfäden nach oben immer frei bleiben (immer die „Berge" zuerst weben, dann die „Täler"). Nähere Informationen finden sich im Anhang.

Bildweben

Bildweben

Sind viele gleich lange Kettfäden zuzu-schneiden, benutzt man zwei **Scheerklam-mern.** Sie werden in gewünschtem Abstand an den Tisch geschraubt. Zwischen ihnen **„scheert" man die Kette,** indem die be-nötigte Anzahl der Fäden aufgespannt und abgeschnitten wird.

Kette scheeren

Fehlerquellen
Hauptsächliche **Fehler** beim Weben sind:
- die Taille (= Schussfäden zu stark ange-zogen, nicht locker genug eingelegt),
- Schlaufen an der Webekante (= Schuss-faden zu locker oder ungenügend durch-gezogen),
- doppelter Schussfaden in einer Reihe (= vergessen, das 2. Fach zu bilden),
- Webfehler im Schuss (ein oder mehrere Kettfäden wurden übersprungen).

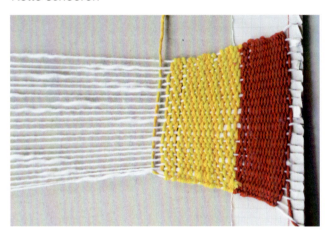

Webfehler Taille

Webfehler Schlaufen und übersprungene Kettfäden

Abschluss
Zum **Abschluss** werden immer 2 bis 3 Kettfäden zusammengeknotet, damit das Gewebe zusammenhält. Die entstandene Fransenreihe schneidet man auf gleiche Länge ab.

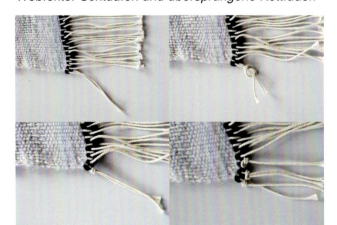

Verknoten der Kettfäden

H. Fischer: Kreative Projekte zum textilen Gestalten
© Persen Verlag GmbH, Buxtehude

4. Filzen

Benötigte Materialien und Werkzeuge zum Filzen einer Fläche (AB 5):
- ✓ verfilzte und neue Schurwollsocken
- ✓ Tannenzapfen zur Anschauung
- ✓ Kleidung aus Filz, z. B. Hut, Jacke
- ✓ pro Schüler: ein Tablett oder eine Schaumstoffmatte als Unterlage, 1 Sprühflasche, 1 Stück Oliven- oder Kernseife, 1 kleine Plastikschüssel, Frotteetuch, um Nässe aufzufangen
- ✓ gekämmte Wolle (Kammzug) in Natur- und verschiedenen Farben
- ✓ Neutralseife
- ✓ Wasserkocher

Gewebe und verfilztes Gewebe

Aufgaben und Impulse:

- Ein normales Gewebe mit einem **verfilzten Gewebe** vergleichen und ausmessen, wie sehr es **geschrumpft** ist (siehe auch AB 1).
- In der Waschmaschine verfilzte Socken (vorher – nachher) zeigen und **Erfahrungsberichte** der Kinder sammeln.
- **Sachverhalt** klären: Die einzelnen Wollhärchen sind mit einer winzigen Schuppenschicht bedeckt wie ein Tannenzapfen. Unter Einwirkung von Hitze, Nässe und Seifenlauge stellen sich diese Schuppen auf. Durch die gleichzeitige Reibung verhaken sie sich so stark miteinander, dass man sie danach nicht mehr auseinanderziehen kann.
- Diese **Eigenschaft von Schurwolle** wird genutzt, um aus Wollgewebe oder noch einfacher – direkt aus den Fasern – sehr strapazierfähige, wasserabweisende Stoffe herzustellen. Beispiel: Lodenstoffe für Wanderbekleidung, Hüttenschuhe, Hüte u. a.

- Von den verteilten Kammzügen werden ca. 5 cm lange Faserstücke abgezogen und – wie in **AB 5** beschrieben – übereinandergelegt und **verfilzt.** Jedes Kind erhält dafür eine Sprühflasche mit warmer Seifenlauge (Neutralseife ca. 1:9 mit warmem Wasser mischen).
- **Eingrenzung:** Da es hier um die **Herstellung von Stoffen** geht, gibt es nachfolgend keine Anleitung zum Filzen von Kugeln, Bällen unter anderen Figuren.

5. Stricken

Benötigte Materialien und Werkzeuge zum Stricken:
- ✓ Anschauungsmaterial: Gewebe, Filz und Strickstoff, gestrickte Textilien
- ✓ Stricknadeln (möglichst große Stärke) und Strickliesel
- ✓ Scheren
- ✓ Wollgarn in verschiedenen Farben
- ✓ Leiste, Nägel und Holzwerkzeuge für den Bau der Strickmaschine **(siehe AB 6)**
- ✓ Häkelnadeln Nr. 3

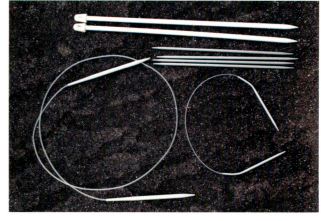

Stricknadeln

Aufgaben und Impulse:
- Ein **Gewebe** und einen **Filz** mit einem **gestrickten Stoff** vergleichen und die neue Eigenschaft herausfinden: Dieser Stoff ist **elastisch! (AB 1)**
- Beim Strickstoff oder Wirkstoff wird der Faden in vielen Schlaufen, den **Maschen,** umeinandergeschlungen.
- **Kleidungsstücke,** für die elastischer Stoff praktisch oder nötig ist, nennen, wie z. B. Wollpullover, Socken.
- **Werkzeuge zum Stricken** zeigen und erproben: Stricknadeln und Strickliesel
- **Bau einer Strickmaschine** aus einer Holzleiste **(AB 6)**
- **Stricken auf der Strickmaschine:** Zum besseren Erkennen der einzelnen Maschen werden zwei verschiedene Farben verwendet. **(AB 7)**

Strickliesel

H. Fischer: Kreative Projekte zum textilen Gestalten
© Persen Verlag GmbH, Buxtehude

Der **Bau einer Strickmaschine** aus einer Holzleiste **(AB 6)** erfolgt möglichst in der Holzwerkstatt an einer Werkbank. Die Kinder sollten bereits Erfahrungen mit der Holzbearbeitung und Holzwerkzeugen haben, bevor sie diese Aufgabe erhalten. Sie kennen die Fachbegriffe „Hirnholz", „Jahresringe", „Langholz" und „Maserung". Sie üben das fachgerechte Einspannen in die Werkbank, Messen, Anzeichnen, Schleifen, Vorstechen, Nageln und Leimen vorher an einem Probestück, damit das Werkstück gelingt.

Diese Aufgabe kann auch als Partnerarbeit durchgeführt werden.

Folgende Werkzeuge* und Materialien sind für jedes Kind erforderlich:
- ✓ 1 Schneidlade
- ✓ 1 Feinsäge
- ✓ 1 Vorstecher
- ✓ 1 Hammer (200–300 g)
- ✓ 1 Beißzange
- ✓ 1 Bleistift, 1 Stahllineal und eine Materialschale für die Nägel.

Hilfsvorrichtungen*:
- ✓ 1 Montagewinkel
- ✓ 1 Schleifbrett
- ✓ 1 rechtwinklige Schleifvorrichtung mit Schleifleiste

Material:
- ✓ 1 Leiste 2 x 2 cm in 60 cm Länge
- ✓ schnelltrocknender Holzleim
- ✓ Nägel mit breiten Köpfen (Stahlstifte 20 mm Länge)

Strickmaschine

*Wertvolle Tipps und Hinweise finden Sie als Bergedorfer Unterrichtsideen von Hanna Fischer: Holzwerkstatt – Vom Baum zum Spielzeug, Persen Verlag (3744)

Wie ist denn das gemacht? – Stoffe untersuchen

**Untersuche die Stoffproben. Zu welchem Ergebnis kommst du?
Mach dir Notizen.**

> **Du brauchst:**
> ✓ verschiedene Stoffproben aus Schurwolle
> ✓ ein wenig Wasser in einer Kanne
> ✓ eine Lupe

1. Lege den Stoff vor dich hin. Wie sieht er aus?

   glänzend, matt, dick, dünn _____

2. Befühle den Stoff. Wie fühlt er sich an?

   rau, glatt, weich, hart, fest, flauschig, wärmend, kühlend _____

3. Reiße den Stoff. Wie reagiert er?

   locker, elastisch, fest, strapazierfähig, empfindlich _____

4. Übergieße den Stoff mit einigen Tropfen Wasser und beobachte:

   Wasser perlt ab, Wasser wird aufgesogen _____

5. Halte den Stoff gegen das Licht und unter die Lupe. Was siehst du?

   durchsichtig, undurchsichtig, grob gewebt, fein gewebt, grob gestrickt, fein gestrickt,

   gefilzt _____

6. Nimm den Stoff auseinander, bis du einen einzelnen Faden herausziehen kannst.
   Überlege: Ist der Stoff gewebt, gestrickt oder gefilzt worden? Entscheide und ordne richtig zu.

Klebe hier die Schurwollstoffe auf:

gewebter Stoff	**gestrickter Stoff**	**gefilzter Stoff**

Weben – Nur etwas für Spinnen?

So sieht ein Gewebe aus:

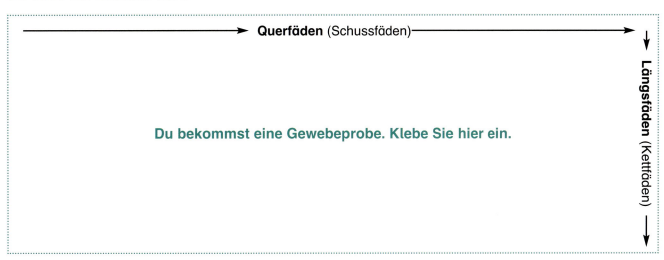

Querfäden (Schussfäden)

Längsfäden (Kettfäden)

Du bekommst eine Gewebeprobe. Klebe Sie hier ein.

1. Du bekommst eine zweite Gewebeprobe zum Untersuchen.
2. Ziehe vier lange und vier kurze Fäden aus dem „Gewebe" heraus.
3. Achte darauf, wie sie im Stoff miteinander verbunden sind und merke es dir.
4. Lege sie getrennt auf den Tisch.
5. Sieh dir die Unterschiede an.
6. Füge die Fäden nun wieder zusammen, bis ein Gewebe entsteht.
7. Halte dein Gewebe hoch. Es darf nicht auseinanderfallen.
8. Erkläre, wie die Fäden liegen müssen, damit sie zusammenhalten.

Klebe die zusammengefügten vier Schuss- und vier Kettfäden hier auf.

Jedes Gewebe besteht aus zwei Fadengruppen:
➲ die Längs- oder Kettfäden und
➲ die Quer- oder Schussfäden.
Die Kettfäden sind auf dem Webrahmen oder Webstuhl straff gespannt.
Die Schussfäden werden zwischen die Kettfäden eingewebt.
Kett- und Schussfäden überkreuzen sich.
Das einfache Auf und Ab der Fäden (ein Mal über und ein Mal unter dem Kettfaden)
im Gewebe nennt man Leinwandbindung.

Weben wie ein Profi – Vorbereitung

Du brauchst:
- ✓ Webkarten (siehe Foto) zum Bandweben
- ✓ verschiedenfarbiges Wollgarn
- ✓ Schere
- ✓ Maßband

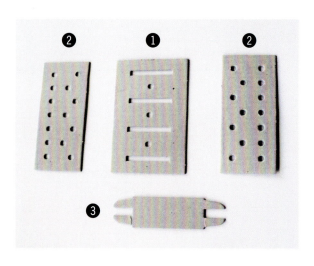

1. Lege die Teile des Webgerätes vor dich auf den Tisch und benenne sie.

❶ Webkamm mit Litzen (Schlitze) und Litzenaugen (Löcher)

❷ Verteiler

❸ Weberschiffchen

2. Schneide die Kettfäden zu.

❶ Suche dir Wollgarn in einer Farbe aus.

❷ Schneide davon 3 Fäden in je 1 m Länge ab.

❸ Wähle eine zweite Farbe.

❹ Schneide von dem zweiten Garn 4 Fäden in 1 m Länge ab.

3. Ziehe die Kettfäden in Webkamm und Verteiler ein.

❶ Stecke die 3 Fäden der einen Farbe in die Löcher (Litzenaugen).

❷ Stecke die 4 Fäden der anderen Farbe in die Litzen daneben und ziehe sie durch.

❸ Fädele alle Fadenenden der Reihe nach in den Verteiler ein und verknote sie am Ende, damit sie nicht wieder herausrutschen.

❹ Ziehe alle Fäden glatt und verknote die Fadenanfänge miteinander.

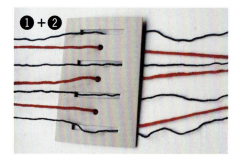

Wähle farbiges Wollgarn für den Schuss aus und wickle den Faden um das Weberschiffchen.

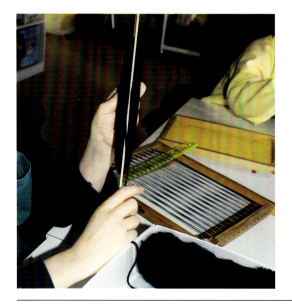

H. Fischer: Kreative Projekte zum textilen Gestalten
© Persen Verlag GmbH, Buxtehude

Weben wie ein Profi – So geht's

Wenn alle Vorbereitungen abgeschlossen sind, kannst du jetzt weben.

1. Befestige die Kettfäden mit dem Verteiler an einem Stuhl.

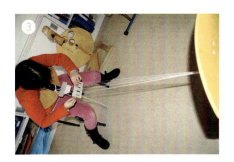

2. Befestige das andere Ende der Kettfäden an einem anderen Stuhl oder einem Gürtel, den du dir umgeschnallt hast.

3. Setze dich so, dass die Kettfäden gespannt sind und du den Webkamm gut erreichen kannst.

4. Hebe den Webkamm hoch. Die Kettfäden in den Litzenaugen sind nun oben, die Kettfäden in den Litzen unten.

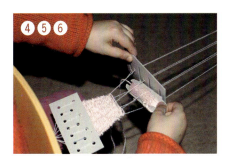

5. Dazwischen entsteht eine Lücke, die heißt „Fach".

6. Schiebe durch dieses Fach das Schiffchen mit dem Faden auf die andere Seite, bis der Faden locker zwischen den oberen und unteren Kettfäden liegt.

7. Senke jetzt den Webkamm nach unten.

8. Welche Fäden sind nun oben, welche unten?

   Die Fäden in den _____ sind oben,

   die Fäden in den _____ sind unten.

9. Schiebe das Schiffchen durch dieses neue Fach wieder zurück, bis der Schussfaden locker zwischen den oberen und unteren Kettfäden liegt.

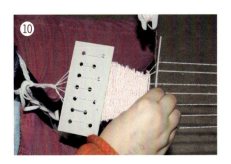

10. Drücke mit dem Webblatt die eingewebten Schussfäden an den Verteiler, damit sie dicht nebeneinanderliegen.

11. Überlege, was nun zu tun ist und webe so weiter.

12. Ist dein Band lang genug, webe den Schussfaden bis zur Mitte der Kettfäden. Schneide ihn ab und löse die Kettfäden von den Stühlen.

13. Ziehe das gewebte Band vorsichtig aus Kamm und Verteiler heraus.

14. Verknote an den Enden immer 2 bis 3 Fäden miteinander und schneide die Fransen auf eine Länge ab.

Alles verfilzt!

Einen Stoff kannst du durch Filzen schnell herstellen.

So geht's:

1. Richte zunächst deinen Arbeitsplatz ein.

Du brauchst:
- ✓ ein Tablett oder
- ✓ eine andere Unterlage
- ✓ ein Stück Seife
- ✓ warme Seifenlauge
- ✓ eine Plastikschüssel
- ✓ Wolle vom Strang
- ✓ ein Stück Bambusmatte und
- ✓ ein Frotteehandtuch zum Abtrocknen

2. **Ziehe Wollstückchen aus dem Strang** und **lege sie wie Dachziegel** auf deine Unterlage, bis sie voll ist. Lege auf die erste Schicht eine **zweite Schicht quer** dazu.
Lege darauf eine **dritte Schicht** wieder so **wie die erste.**

3. **Besprühe die Wollschichten** mit warmer Seifenlauge, bis sie feucht sind.

4. **Seife** deine nassen Hände ein.

5. **Streiche kreisend über die Wolle,** zuerst sanft, dann immer kräftiger, sodass es schäumt. Diese Tätigkeit nennt man Filzen oder Walken. Filze so lange, **bis sich die Wollfasern** ineinander **verhaken.**

6. **Drücke das Wasser aus** der Wollfläche und gieße es ab.

7. **Drehe deinen Stoff um** und **filze** von der anderen Seite.

8. Wickle deinen Stoff in die **Bambusmatte** ein und rolle ihn 15-mal kräftig, bis er sich ganz fest anfühlt.

9. **Spüle** deinen Walkstoff danach in einer Schüssel mit klarem Wasser aus. Erneuere das Wasser, bis keine Seifenreste mehr herauskommen.

10. Nun muss dein Stoff **trocknen.**

H. Fischer: Kreative Projekte zum textilen Gestalten
© Persen Verlag GmbH, Buxtehude

Stricken können nicht nur Omas –
Eine Strickmaschine bauen

Man kann nicht nur mit Nadeln stricken, sondern auch mithilfe einer Maschine. Hier kannst du eine einfache Strickmaschine bauen.

Du brauchst alles, was auf dem obersten Bild zu sehen ist:
- ✓ 1 Schneidlade
- ✓ 1 Feinsäge
- ✓ 1 Vorstecher
- ✓ 1 Hammer
- ✓ 1 Beißzange
- ✓ 1 angespitzten Bleistift
- ✓ 1 Stahllineal
- ✓ 1 Montagewinkel
- ✓ 1 Schleifbrett
- ✓ 1 rechtwinklige Schleifvorrichtung mit Schleifleiste
- ✓ 1 Leiste 2 x 2 cm in 60 cm Länge
- ✓ Holzleim
- ✓ Nägel mit breiten Köpfen (Stahlstifte)

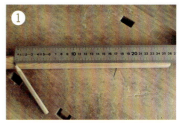

So geht es:

1. Miss zwei Mal 26 cm an der Leiste ab und zeichne mit dem Bleistift eine Markierung.

2. Lege die Leiste in die Schneidlade und säge sie bei der Markierung ab.

3. Miss zwei Mal 3 cm von Deiner Leiste ab und zeichne mit dem Bleistift eine Markierung.

4. Lege die Leiste in die Schneidlade und säge sie bei der Markierung ab. Nun hast Du zwei große und zwei kleine Leistenabschnitte.

5. Schleife alle Hirnholzseiten der Leisten in der Schleifvorrichtung im Winkel glatt.

6. Leime die kleinen Leisten an den Enden in einem Winkel zwischen die großen.

7. Lass den geleimten Rahmen trocknen, bis der Leim ausgehärtet ist.

8. Schleife alle Seiten des Rahmens auf der Schleifplatte, bis er sich glatt anfühlt.

9. Ziehe mit Bleistift eine Linie jeweils in der Mitte der beiden langen Leisten.

10. Zeichne auf eine Seite alle 2 cm einen Querstrich auf, insgesamt 10.

11. Zeichne auf der gegenüberliegenden Seite versetzt 9 Querstriche.

12. Spanne den Rahmen auf der Werkbank ein und steche mit dem Vorstecher überall dort ein kleines Loch, wo die Striche sich kreuzen.

13. Schlage in jedes der vorgestochenen Löcher einen Nagel bis zur Hälfte ein. Krumme Nägel kannst du mit der Beißzange wieder herausziehen, indem du sie mit der geschlossenen Zange zur Seite weghebelst.

14. Jetzt ist deine Strickmaschine fertig.

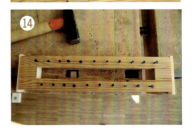

H. Fischer: Kreative Projekte zum textilen Gestalten
© Persen Verlag GmbH, Buxtehude

Stricken können nicht nur Omas – Stricken mit der Strickmaschine

Du brauchst:
- ✓ deine Strickmaschine
- ✓ Häkelnadel Gr.3
- ✓ 1 Wollknäuel in weiß
- ✓ 1 Wollknäuel in blau oder in deinen Lieblingsfarben
- ✓ Klebeband

So geht es:

1. Klebe den weißen und den blauen Fadenanfang auf die Unterlage und führe beide Fäden im Zick-Zack zwischen den Nägeln den beiden Seiten bis zum Ende. Der weiße Faden liegt unten.

2. Beginne rechts beim 1. Nagel und ziehe mit der Häkelnadel den weißen Faden über den blauen Faden und den Nagel.

3. Mache das Gleiche beim Nagel gegenüber und so weiter.

4. Sind alle weißen Maschen „abgestrickt", führe den weißen Faden wieder im Zick-Zack um die Nägel herum.

5. Ziehe jetzt den blauen Faden über den weißen und über alle Nägel.

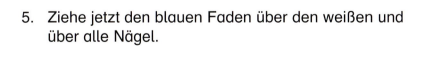

6. Sind alle blauen Maschen „abgestrickt", führe den blauen Faden wieder im Zick-Zack um die Nägel herum. Lege den Fadenanfang unter das Brett.

7. Wie geht es weiter? Schreibe es auf.

_____

_____

_____

_____

_____

_____

8. Ist der gestrickte Stoff groß genug, kannst du abstricken.

9. Hebe die beiden letzten Maschen vorsichtig mit der Häkelnadel vom Nagel ab.

10. Ziehe den Faden mit dem Haken der Häkelnadel durch beide Maschen. Hebe dann die nächste Masche vom Nagel, ziehe den Faden durch beide Maschen und so weiter, bis alle Maschen abgestrickt sind.

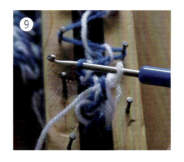

11. Schneide zum Schluss die Fäden von den Woll-knäueln ab und ziehe den Faden durch die letzte Masche hindurch, genauso wie beim Fingerhäkeln.

So sieht der fertige Strickstoff aus. Er besteht aus lauter Maschen.

H. Fischer: Kreative Projekte zum textilen Gestalten
© Persen Verlag GmbH, Buxtehude

Ideen und Rezepte für die Lehrkraft

Am Ende des textilen Verarbeitungsprozesses steht das Herstellen eines Produktes durch Nähen. Aus der textilen Fläche wird ein dreidimensionaler Körper. Der selbst gefilzte Stoff bietet sich an. Für die Kinder ist es etwas ganz Besonderes, aus ihrem eigenhändig hergestellten Stoff einen textilen Gebrauchsgegenstand zu kreieren. Das kann für geschickte Hände ein Kuscheltier sein, für Kinder, denen dies schwer fällt, eine einfache Herzform oder ein Kreis, aus dem eine Tierform entwickelt wird. Auch Fingerpüppchen oder Eierwärmer sind beliebt. Vor dem Nähen wird ein sehr einfaches Schnittmuster gezeichnet, damit das Produkt auch gelingt.

Herstellung eines Schnittmusters

Benötigte Materialien und Werkzeuge (AB 1):
- ✓ die gefilzten Wollstoffe
- ✓ Papier für Schnittmuster
- ✓ Zirkel
- ✓ Lineal und Maßband
- ✓ Bleistifte
- ✓ Papierscheren

Aufgaben und Impulse:
- Die verschiedenen selbst gefilzten **Stoffstücke** begutachten, **vergleichen** sowie ihre **Größe messen.**
- Die Stoffe auf die Papiere legen und ihre **Maße** mit dem Bleistift original **auf das Papier übertragen.**
- Das Papier in Stoffgröße **ausschneiden.**
- Den Begriff „Schnittmuster" einführen.
- Das Papier in der Mitte falten und eine **einfache Figur in Umrissen** (z. B. ein Tier, ein Herz) aufzeichnen. Die Zeichnungen dürfen nur sehr grobe Umrisse zeigen, da sich der Filz sonst schlecht zuschneiden und vernähen lässt.

- Noch **einfacher:** einen Kreis zeichnen. Aus diesem Schnittmuster kann später durch Zusammenklappen der Hälften eine Maus oder ein Igel entwickelt werden.
- Das **Schnittmuster ausschneiden.**
- Während des Arbeitsprozesses sollten die Ergebnisse verglichen und weitere Ideen gesammelt werden.

Vorbereitung zum Nähen

Nähen eines Gegenstandes

Benötigte Materialien und Werkzeuge zum Nähen (AB 2):
- ✓ die gefilzten Wollstoffe
- ✓ fertige Schnittmuster
- ✓ passende farbige Wollfäden
- ✓ Woll-, Filzreste oder anderes Füllmaterial
- ✓ Stoffscheren
- ✓ Stecknadeln (am besten große Dekorationsnadeln)
- ✓ große Sticknadeln mit Spitze
- ✓ Knöpfe und Ähnliches zum Verzieren

Aufgaben und Impulse:

- Achtung: Ein Schnittmuster wird immer zwei Mal **(gespiegelt)** aus Stoff **zugeschnitten.** Bei Tierformen sollte ein extra Bauchteil mit der Innenseite der Beine zugeschnitten werden. (Siehe AB 2)
- Teile und Funktionen der **Näh-** und der **Stecknadel** erarbeiten: Nadelöhr, -spitze und Stecknadelkopf.
- Schnittmuster auf die Stoffe legen und **mit Stecknadeln befestigen.**
- Stoffe nach dem Schnittmuster **zuschneiden.**
- Passendes **Garn** zum Zusammennähen finden.
- **Einfädeln, Anfangsknoten und Vernähen** üben.
  Den einfachen **Vorstich** oder den **überwendlichen Stich** an Proben üben.

Einfache Filzmaus aus einem Kreis

Alternative: Will man den gefilzten Stoff nicht zerschneiden, lässt sich aus ihm eine Tasche falten und an den Seiten zusammennähen. Auch für eine Tasche sollte vorher ein Schnittmuster angefertigt werden, um die Größe zu ermitteln und den Abstand der Faltungen zu erproben.

Vorstich   *Überwendlicher Stich*

- Stoffseiten **genau aufeinanderlegen.**
- Stoffseiten mit Stecknadeln **aufeinanderstecken.**
- Evtl. Stoffseiten mit Heftgarn aufeinanderheften lassen, um die **Verletzungsgefahr auszuschließen.**
- Stoffseiten bis auf eine 4 cm lange **Öffnung** zusammennähen.
- **Füllung** hineinstecken. Hierfür eignen sich die Reste vom Zuschnitt.
- Die noch offene **Naht schließen.**
- **Augen** können mit Knöpfen oder Perlen aufgenäht oder einfach mit Garn aufgestickt werden.
- **Fachbegriffe:** Schnittmuster, Schneiderschere, Stoff, Garn, Stecknadel mit Kopf und Spitze, Nähnadel mit Öhr und Spitze, Vorstich, überwendlicher Stich, Naht, Füllung.

Tasche aus gefilztem Stoff, geöffnet und geschlossen

H. Fischer: Kreative Projekte zum textilen Gestalten
© Persen Verlag GmbH, Buxtehude

Ein Schnittmuster selbst gemacht

Stelle ein Schnittmuster nach dieser Anleitung her.

Du brauchst:
- ✓ 1 Filzstoff
- ✓ 1 Blatt Papier, etwas größer als der Stoff
- ✓ 1 Bleistift
- ✓ 1 Lineal
- ✓ 1 Papierschere

1. Miss deinen Stoff aus und schreibe auf, wie groß er ist:

   Mein Stoff ist _____ cm hoch und _____ cm breit.

2. Lege deinen Stoff auf das Papier und zeichne die Umrisse darauf.

3. Schneide die Umrisse aus. Benutze dafür eine Papierschere.

4. Prüfe: Ist das ausgeschnittene Papier genauso groß wie dein Stoff?

5. Falte das Papier in der Mitte und zeichne eine einfache Form darauf.
   Beachte: Die Umrisse deiner Form müssen einfach sein, damit du die Schnittvorlage auch zum Zuschneiden und Nähen benutzen kannst.

6. Bevor du deine Form ausschneidest, zeige sie deiner Lehrkraft.

7. Wenn du deine Zeichnung aus dem gefalteten Papier ausschneidest, bekommst du die ganze Figur – und zwei gleiche Schnitteile.

8. Nun kannst du mit deinem Schnittmuster weiterarbeiten, um etwas zu nähen.

Hier siehst du ein Beispielschnittmuster:

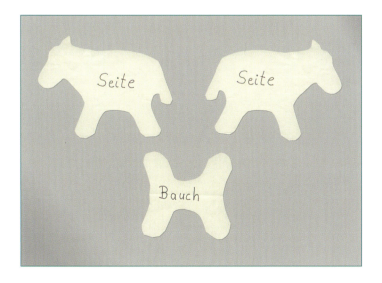

Nach Schnittmuster nähen – ganz einfach

**Lies die Anleitung und sieh dir die Beispiel-Bilder dazu an.
Dann arbeite Schritt für Schritt.**

Du brauchst:
- ✓ deinen Filzstoff
- ✓ dein Schnittmuster
- ✓ Stecknadeln
- ✓ 1 große Nähnadel
- ✓ 1 Schneiderschere
- ✓ farbige Wollfäden, passend zum Stoff
- ✓ Material zum Füllen

1. Lege deine Schnittmuster auf deinen Stoff.

2. Stecke sie mit Stecknadeln fest.

3. Schneide den Stoff nach dem Schnittmuster aus. Achtung: Du benötigst 2 Seitenteile!

4. Nimm die Schnittmuster ab und lege die beiden Stoffteile aufeinander.

5. Stecke nun die Stoffteile genau aufeinander.

6. Bestimme die Stelle, die zum Ausstopfen offen bleiben soll. Am besten an einer geraden Stelle.

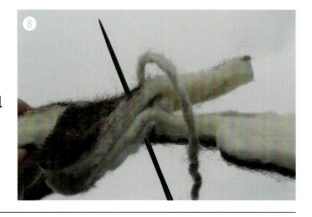

7. Schneide einen ca. 40 cm langen Faden ab. Fädle den Faden in das Nadelöhr deiner Nadel und verknote ihn am Ende.

H. Fischer: Kreative Projekte zum textilen Gestalten
© Persen Verlag GmbH, Buxtehude

8. Nähe beide Stoffteile an den Rändern zusammen. Der Knoten bleibt unsichtbar zwischen den beiden Stoffstücken. Nähe immer außen am Rand entlang, z. B. bei einem Tier zuerst den Bauch, die Beine, den Hals und den Kopf.

9. Stoppe an der Stelle zum Ausstopfen.

10. Fülle deine Figur, bis sie sich bauchig anfühlt.

11. Nähe die Naht vollständig zu und beende sie mit einer Schlaufe.

12. Steche in die Schlaufe hinein und ziehe den Faden hindurch, damit er sich verknotet.

13. Vernähe den Faden und schneide ihn ab.

14. Verziere deine Figur: Augen kannst du zum Beispiel mit angenähten Knöpfen oder Perlen gestalten.

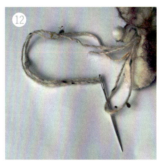
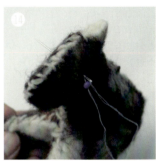

Schaf oder Hund? Was ist es?

Lösungen und zusätzliche Informationen

Lösungen

1/AB 1: Die Brennprobe bei Wolle fällt so aus:

5. orange, schnell, kurz; 6. schwarz, schmierig; 7. sehr unangenehm, angebrannte Haut, verbrannte Haare (Lehrerhinweis: Verursacht durch den Eiweißanteil der Faser); 8. Das menschliche Haar riecht sehr ähnlich. (Ergebnisse anderer Fasern im Anhang der entsprechenden Kapitel)

2/AB 1: Reihenfolge der Wörter: Schäfer schert, Schaf, Schaffell, Fasern, Faden, spinnen, Zwirn

2/ AB 6: 1d), 2a), 3f), 4c), 5b), 6e)

3/ AB 1: 1. matt, kann dick oder dünn sein; 2. Außer „kühlend" und „glatt" können alle genannten Eigenschaften vorhanden sein. 3. Strickstoff: locker, elastisch, empfindlich; feste Gewebe und Filzstoff: fest, strapazierfähig; feine Gewebe: locker, empfindlich; 4. Wasser perlt ab; 5. Strickstoff, feine und lockere Gewebe: durchsichtig; feste Gewebe und Filzstoff: undurchsichtig; 6. Stoffe richtig zuordnen und aufkleben.

3/AB 4: 8. Senke jetzt den Webkamm nach unten. Welche Fäden sind nun oben, welche unten? Die Fäden in den Litzen sind oben, die Fäden in den Litzenaugen sind unten.

3/AB 7: 7. Weiter ab (2) wie auf dem Arbeitsblatt beschrieben: Mit der Häkelnadel den weißen Faden über den blauen und alle Nägel ziehen. Danach den weißen Faden im Zick-Zack um die Nägel führen. Dann den blauen Faden über den weißen ziehen u.s.w.

Literatur

Bilderbücher:

Beskow, Elsa: Pelles neue Kleider, 4.Aufl. Reinbek 1987
   (Sehr anschaulich dargestellte Verarbeitung von Wolle)
Dixon, Annabelle: Wolle, Hanau, Salzburg, Bern 1990
   (Anregungen zum Selbermachen mit anschaulichen Fotos und Zeichnungen)
Fischer-Nagel, Heiderose u. Andreas: Schau mal, unsere Wolle, 3.Aufl. Luzern 1989 (mit Fotos)

Bücher zur Verarbeitung von Wolle, zu textilen Techniken:

Bräutigam, Peter: Webereimaschinenlehre, Rinteln 1979
Choinski, Sabine und Krümmel, Gabriela: Filzen mit Grundschulkindern, Mühlheim/Ruhr 1. Aufl. 2005
dies.: Vom Schaf zum Pullover, Mühlheim/Ruhr 2002
Fischer, Hanna: Holzwerkstatt – Vom Baum zum Spielzeug, 1. Aufl., Buxtehude 2007
Kircher, Ursula: Weben auf Rahmen, 2. überarbeitete Aufl., Marburg 1981
Paetau Sjöberg, Gunilla: Filzen, Bern, Stuttgart, Wien 1995
Schulte, Franz: Spinnereimaschinenlehre, Rinteln 1979
Svinicki, Eunice: Spinnen und Färben, Gütersloh 1976
Zeitschrift: Das Lavendelschaf *www.lavendelschaf.de*

Materialien, Werkzeuge und Informationen

Anschauungs- und Informationsmaterial:

www.fashion-base.de/Verbaende-Faserstoffe.htm (Internationales Wollsekretariat), *www.g-e-h.de* (Liste aller Arche-Höfe, die alte Haustierrassen erhalten), *www.maerchengarten.net* (Spinn- und Webmärchen und -lieder)

Wollfasern, Garne, Werkzeuge, Unterrichtsmaterial:

www.als-verlag.de (Stäbchenwebgerät, Zubehör zum Weben, Spinnen, Filzen, Materialien, Video: Filzen, Unterrichtshilfen über Schafe und Wolle), *www.die-wollfabrik.de* (Fasern, Garne, Material, Werkzeuge zum Spinnen, Weben, Filzen), *www.finkhof.de* (Wollprodukte vom Erzeuger), *www.holzkircher.de* (Karden, Spindeln, Webrahmen mit Zubehör, Textilfachwortregister), *www.paulgmbh.de* (Lernsysteme, Hilfsvorrichtungen für Holzbearbeitung, Webanleitungen zum kostenlosen Download), *www.labbe.de* (Webkarten aus Pappe, *www.traub-wolle.de* (Spinn-, Web-, Kadiergeräte, Rohfasern, Filzzubehör), *www.wolllust-schurwollversand.de* (günstige Filzwollen), *www.wollknoll.en* (Wollfasern, Garne, Filzzubehör, Werkzeuge)

Ideen und Rezepte für die Lehrkraft

Bei der Seide ist Herkunft und Gewinnung der Faser besonders spannend für die Kinder. Die textile Technik des Bemalens lässt sich auf Seidenstoff einfach und kreativ nachvollziehen. Die Farben wirken hier besonders brillant.

Einstieg in die Materie

Benötigte Materialien und Werkzeuge:
- ✓ Scheren
- ✓ Seidenstoff in verschiedenen Arten (z. B. Pongé 05, 06 oder 08, Satin, Chiffon, Schappe- und Bouretteseide)
- ✓ verschiedene Seidengarne, z. B. Nähseide und Seidenstoffreste
- ✓ verschiedene Seidentextilien
- ✓ Abbildungen, Kataloge mit Seidentextilien
- ✓ Weltkarte
- ✓ Kokon (Bezugsquellen im Anhang)
- ✓ Film-, Bild- und Textmaterialien über Seidengewinnung und Verarbeitung (siehe Anhang)
- ✓ für die Brennprobe: kleine Seidenstoff- und Fadenstücke, Pinzette, Teelicht, Streichhölzer, feuerfeste Unterlage, evtl. Schutzbrille

Seidenfasern

Vergrößerung von Seidenfasern

Aufgaben und Impulse:

- Mit geschlossenen oder verbundenen Augen **fühlen** die Kinder ein Stück **Seidenstoff** und beschreiben seine fühlbaren Eigenschaften. Es gibt sie in sehr unterschiedlichen Qualitäten: von der feinsten Seidengaze über Chiffon, Pongé 05 bis 10, zu Satin bis zur groben Bouretteseide, die aus Kokonresten oder beschädigten Kokons besteht, die nicht abgehaspelt werden können.
- Sie ziehen einen Faden aus dem Gewebe, halten den Stoff gegen das Licht, ziehen an ihm und stellen seine Feinheit, Leichtigkeit, Reißfestigkeit und seinen Glanz fest. **(AB 2 Stoffe untersuchen im Anhang)**

- Sie erhalten die Information, dass dies ein **besonders kostbarer Stoff** ist. Als es noch keine Stoffe aus Kunstfasern gab, nahm man diesen Stoff wegen seiner Leichtigkeit und Reißfestigkeit für Fallschirme. Früher war es ein großes Geheimnis, wie dieser Stoff entstand. Spione, die dies herausfinden wollten, wurden mit dem Tode bestraft.
- Die **Brennprobe (AB 1 im Anhang)** wird gemacht. Ist sie von der Schurwolle bekannt, stellen die Kinder durch den unangenehmen Geruch schnell fest, dass es sich um eine tierische Faser handelt. Sie ist eine Eiweißfaser, wie das menschliche Haar auch.

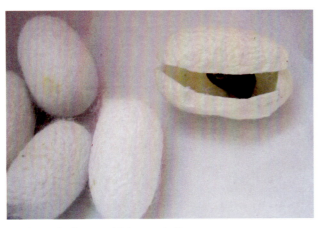

Aufgeschnittener Kokon mit Puppe

Kokonreste

- „Wer spinnt diesen langen Silberfaden?" Die Kinder sehen sich einen **Kokon** an, befühlen ihn sehr vorsichtig (damit er nicht beschädigt wird) und stellen Vermutungen an, was er mit der untersuchten Faser zu tun hat.
- Der **Kreislauf:** Ei ➤ Raupe ➤ Fressen von Maulbeerblättern und Wachstum der Raupe ➤ Faden spinnen (mit ihrer Spinndrüse) ➤ Verpuppung im Kokon ➤ Metamorphose ➤ Schlüpfen des Schmetterlings ➤ Paarung ➤ Eiablage wird in **AB 1** veranschaulicht.
- Der Mensch greift in diesen Kreislauf ein, um den Seidenfaden zu gewinnen. **(AB 2)**
- Selbst aus den Resten des Kokons werden **Garne gesponnen.** Sie sehen nicht glatt und glänzend aus wie Haspelseide, sondern noppig und stumpf, haben aber die gleichen guten Trageeigenschaften.

Garne aus Kokonresten

Garne aus Seidenfäden

Verschiedene Seidengarne, ungefärbt

Haspelseide

H. Fischer: Kreative Projekte zum textilen Gestalten
© Persen Verlag GmbH, Buxtehude

Verschiedene Seidengarne, gefärbt

- **Unterschiedliche Seidenstoffe** von fein bis grob können angesehen und gefühlt werden. Pongéseide besteht aus den Endlosfäden des Kokons, Schappeseide aus den Anfang- und Endfadenstücken und Bouretteseide aus Resten der Schappeseidenherstellung. Die vom schlüpfenden Schmetterling durchbissenen Kokons werden zu Tussahseide (Wildseide) versponnen.
- Auf der Weltkarte finden die Kinder die **Seidenstraße** sowie Gegenden, in denen Seide produziert wird. **(AB 3)**

Seidenstoffe

Eine Metamorphose – Was ist denn das?

1. Lies den Text.
Füge die fehlenden Wörter richtig ein.

> Kokon ♦ Raupen ♦ Blätter ♦ Faden ♦ Seidenraupe
> Metamorphose ♦ Eier ♦ Schmetterling

Aus einem dieser klitzekleinen ❶ _____

schlüpft die winzige schwarze ❷ _____.

Ihre Lieblingsspeise sind die ❸ _____
des Maulbeerbaumes. Sie frisst und frisst, wird größer
und größer und bekommt eine weiße Farbe. Nach 30 bis
40 Tagen ist sie so groß wie dieser Zeigefinger. Auf einer
Unterlage aus trockenen Ästen oder ähnlichem beginnt

sie, einen langen ❹ _____ um sich
her**m** zu spinnen. Dazu sprüht sie eine zähe klebrige
Flüssigkeit aus ihren Spinndrüsen am Kopf. Dieser Faden
trocknet an der Luft. Er kann bis zu 3000 m lang werden!
Dafür braucht sie 3 bis 5 Tage. Wenn sie fertig ist, sieht
es aus **w**ie ein **W**attebällchen. Diese gespon**n**ene Hülle

heißt ❺ _____.
In **d**ieser Hülle bewegt sich die Ra**u**pe nicht mehr, sondern sie verpuppt sich. In 10 bis 15 Tag**e**n verwandelt
sich die Seidenraupe in diesem Kokon zu

einem ❻ _____.
Er knabbert sich durch den Kokon hindurch und schlüpft
heraus. Sein Name ist Maulbeer- oder Seidenspinner.
Das Wundersame, was in dem Kokon **g**eschehen ist,

nennt man ❼ _____.
Die Seidenspinner-Falter paaren sich. Das Weibchen
legt bis zu 500 winzige Eier. Nach 5 Tagen schlüpfen

die ❽ _____.
Ab hier kannst du diese unendliche Geschichte
weitererzählen.

2. Schreibe die fett gedruckten Buchstaben hinter-
einander auf, dann hast du die Übersetzung für
das Wort Metamorphose.

H. Fischer: Kreative Projekte zum textilen Gestalten
© Persen Verlag GmbH, Buxtehude

Seide verarbeiten – So wird es gemacht

Lies den Text.
Füge die fehlenden Wörter richtig ein.

> Faden ◆ Loch ◆ Stoffe ◆ ausschlüpfen
> Seidenraupe ◆ Maulbeerspinner

Will man die Fäden der ❶ _____
gewinnen, werden Kokons in heißes Wasser geworfen, in
heiße Luft oder Wasserdampf gelegt. Der verpuppte
Maulbeerspinner stirbt dann darin ab und der lange

❷ _____ kann vom
Kokon abgewickelt werden. Andere Kokons werden für
die Weiterzucht liegen gelassen, bis die Falter

❸ _____.
Der lange abgehaspelte Seidenfaden wird mit anderen
zu Seidengarn verzwirnt. Das Garn wird gekocht, um es
weicher zu machen und dann gefärbt.
Aus dem feinen Seidengarn werden kostbare

❹ _____ gewebt.

Ist ein ❺ _____ aus dem
Kokon geschlüpft, weil er weitergezüchtet werden

soll, hat er ein ❻ _____ in den
Kokon gebissen. Die Fäden wurden dadurch getrennt.
Auch diese Seide wird versponnen. Die Seidenfäden sind
dann grober.

Die Seidenstraße

Lies den Text.
Füge die fehlenden Wörter richtig ein.

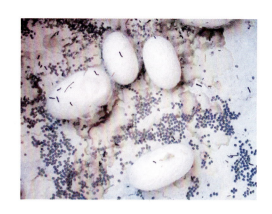

> Kaiser ♦ Könige ♦ Geheimnis ♦ Kamele ♦ Kokon
> Seidenstraße ♦ Spione ♦ Raupen ♦ Stoffe
> Schmetterling ♦ Metamorphose ♦ spinnen ♦ Eier
> China ♦ drei ♦ Seidenraupe

Seide kommt von sehr weit her, ursprünglich aus ❶ C _____. Früher mussten die Kaufleute einen sehr weiten beschwerlichen Weg durch schneebedeckte Berge, aber auch durch heiße Wüsten auf der ❷ S _____ zurücklegen, um die Seiden-stoffe nach Europa zu bringen. Die Reise auf dem Rücken der ❸ K _____ ging von China meistens über Tadschikistan, Afghanistan, Usbekistan, Turkmenistan, Iran, Armenien, Türkei und per Schiff über das Mittelmeer nach Italien. Sieh dir das mal auf der Landkarte an. Kein Wunder, dass Seide sehr teuer und so kostbar war, dass nur

❹ K _____ und ❺ K _____ Seidenkleidung tragen konnten und durften. Es war ein Geheimnis, wie die Seidenfäden entstanden.

❻ S _____, die es herausfinden wollten, wurden mit dem Tode bestraft. Doch irgendwann gelang es, das Geheimnis zu lüften: Der Seidenfaden stammte von einem

❼ K _____, der aussieht wie ein Wattebällchen. Ein bestimmtes Tier

hatte den Kokon gesponnen, nämlich die ❽ S _____.

Die Seidenraupe verwandelt sich in diesem Kokon zu einem ❾ S_____.

Diese wundersame Verwandlung nennt man ❿ M _____.
Der Seidenspinner oder Maulbeerspinner ist der einzige Schmetterling, der zu einem Haustier

geworden ist. Er legt ⓫ E _____, die so winzig wie ein Stecknadelkopf

sind. Aus diesen Eiern schlüpfen kleine ⓬ R _____. Sie fressen gern Maulbeerblätter von den Maulbeerbäumen. Damit werden sie in der Aufzuchtstation gefüttert.

Sind sie rund und groß genug, ⓭ s_____ sie einen sehr langen Faden.

Er kann 3000 m lang werden. Das sind ⓮ d _____ km. Als die Chinesen das vor mehr als 4000 Jahren entdeckten, wollten sie diesen Faden haben, um daraus kostbare

⓯ S _____ herzustellen.

Seitdem dies kein ⓰ G _____ mehr ist, wird die Seidenraupe außer in Asien auch im Süden Europas gezüchtet, wo es warm genug für die Raupenzucht und die Maulbeerbäume ist.

H. Fischer: Kreative Projekte zum textilen Gestalten
© Persen Verlag GmbH, Buxtehude

Ideen und Rezepte für die Lehrkraft

Bevor die Kinder malen, sollten sie ihr Wissen über Farben und Farbmischungen auffrischen. Das Farbkreis-Schema von Johannes Itten veranschaulicht Farben und ihre Mischungen sehr gut. Das Malen kann zunächst ganz einfach mit Wasserfarben oder gleich auf kleinen Stücken Seidenstoff erprobt werden. Zum Schutz der Kleidung dienen Kittel (alternativ alte Herrenoberhemden, die hinten zugeknöpft werden). Seidenmalfarbe, die an den Händen haftet, wäscht sich nach einigen Tagen aus.

Ist kein Seidenfixiergerät vorhanden, können alternativ bügelfixierbare Seidenmalfarben verwendet werden. Die hölzernen Seidenmalrahmen werden vor der Benutzung mit Kreppband abgeklebt, damit die Farben nicht in das Holz eindringen und die frisch aufgespannte Seide verunreinigen. Das Teilen der Seide und das Bespannen der Rahmen sind Vorbereitungsarbeiten, die mit sehr sauberen Händen erledigt werden müssen.

Benötigte Materialien und Werkzeuge:
- ✓ Zeichenpapier, Wasserfarben, Pinsel und Wasserbehälter
- ✓ kleine Spannrahmen für Experimente, große verstellbare Spannrahmen mit Spannklammern und Gummiringen (wenn man Tücher bemalen will)
- ✓ Scheren
- ✓ Seiden – Fixiergerät mit Fixierpapier oder Bügeleisen
- ✓ Dreizackstifte oder Stoßnadeln zum Aufspannen der Stoffe auf die Rahmen
- ✓ spezielle Seidenmalpinsel in verschiedenen Stärken (2–12)und extra breite Flächenpinsel
- ✓ Meterware Pongé 05, 06 oder 08 (Kurzballen), nach Bedarf fertig rollierte ungefärbte Tücher, Schals u. a.
- ✓ Seidenmalfarben (entweder bügelfixierbar oder dampffixierend für Fixiergeräte) in den Grundfarben
- ✓ Gläserdeckel als Farbpaletten
- ✓ Tabletts als Unterlage und zum Transport der Farben
- ✓ Kännchen Wasser zum Verdünnen der Farben
- ✓ für Salztechnik: Kristallsalz, fein und grobkörnig
- ✓ für Konturentechnik: wasserlösliche Zeichenbleistifte und Konturenmittel (Gutta) oder alternativ Stoffmalkreiden auf Wachsbasis
- ✓ für das Malen ohne Rahmen: Plastikunterlagen, Joghurtbecher und Flaschen in jeweils gleicher Größe
- ✓ Zeitungen zum Schutz der Tischplatte
- ✓ Lappen zum Abwischen
- ✓ Kittel zum Schutz der Kleidung
- ✓ eventuell einen Fön zum schnellen Trocknen

Aufgaben und Impulse:
- Die **Grundfarben** gelb, rot und blau mit Wasserfarben auf Papier malen und benennen lassen. **Farbmischungen** aus gelb und rot, gelb und blau, rot und blau herstellen, aufmalen und benennen. Nach Bedarf weitere Farbmischungen kreieren und die **Mischregeln** benennen.
- Einen **Seidenstoff für die Proben zerteilen:** Am Rand einschneiden und den Rest reißen. Man hört ein knirschendes Geräusch – den sogenannten **Seidenschrei.**

Farbproben mit Wasserfarben

 H. Fischer: Kreative Projekte zum textilen Gestalten
© Persen Verlag GmbH, Buxtehude

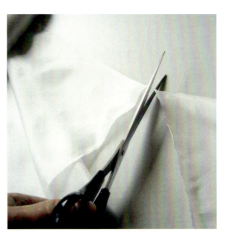

Seide zerteilen

- Vor dem Aufspannen die Stoffe am Rand zur Sicherheit mit den Schülernamen versehen.
- Die Stoffstücke auf die kleinen Seidenmalrahmen **aufspannen (AB 1).** Vorher müssen die Hände sauber sein.
- Den **Arbeitsplatz einrichten: (AB 2)** Zum Schutz vor Farbe Zeitungspapier auslegen, 1 Wasserglas, 1 sauberes Baumwolltuch zum Abwischen, 3 Schraubdeckel mit den
- Seidenmalfarben blau, rot und gelb, 3 Pinsel (Für jede Farbe einen Extrapinsel verwenden, um die Farben sauber zu halten!).
- **Schutzkleidung** (Kittel) anziehen.
- Verschiedene **Seidenmaltechniken erproben:** Aquarelltechnik, Nass-an-nass-, Nass-an-trocken-, Salztechnik, **(AB 3–5).**
- Nach dem **Trocknen** (und Entfernen des Salzes bei der Salztechnik) die **Stoffe von den Rahmen nehmen** (Dreizackstifte entfernen, hierfür gibt es ein kleines Spezialgerät zum Unterfassen und Abhebeln). Seide im **Seidenfixiergerät** fixieren oder bei bügelfixierbaren Seidenmalfarben auf Einstellung Seide (2 Punkte) bügeln.
- Die Proben lassen sich **zu kleinen Produkten weiterverarbeiten,** zum Beispiel zum Bespannen kleiner Pappschachteln (von Fa. Labbé) mithilfe aufbügelbarer Klebefolie (z. B. „Vlisofix").

Schachteln mit bemalter Seide bespannt

- Zum Thema: „Andere Länder" können Fähnchen hergestellt werden.

Fähnchen

H. Fischer: Kreative Projekte zum textilen Gestalten
© Persen Verlag GmbH, Buxtehude

Einen Rahmen bespannen

So bespannst du einen Rahmen mit Seidenstoff.

1. Schneide ein Stück Seide in der Größe deines Rahmens zu. Deine Hände müssen vorher frisch gewaschen sein, damit der empfindliche Stoff sauber bleibt.

2. Schneide den Stoff etwas ein. Den Rest kannst du reißen. Höre auf das Geräusch. Es ist typisch für Seidenstoff und wird „Seidenschrei" genannt.

3. Keine Angst, der Riss verläuft ganz gerade im Gewebe.

4. Den Rest trenne mit der Schere durch.

5. Lege Dreizackstifte bereit, um den Stoff auf den Rahmen zu spannen.

6. Beginne in den vier Ecken. Achte darauf, dass der Stoff gespannt ist.

7. Drücke 3 Stifte zwischen die beiden äußeren Stifte, spanne den Stoff und (8) drücke auf der gegenüberliegenden Seite 2 Stifte versetzt zu den oberen ein.

8. Mache dies genauso an den anderen beiden gegenüberliegenden Seiten.

9. Ist der Stoff gespannt und hängt nicht durch, kannst du ihn bemalen.

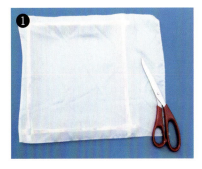

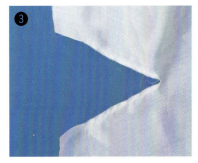

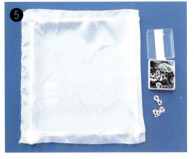

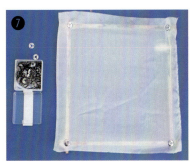

 H. Fischer: Kreative Projekte zum textilen Gestalten
© Persen Verlag GmbH, Buxtehude

Den Arbeitsplatz einrichten

Finde die Gegenstände auf dem Foto und schreibe die richtige Nummer in die Kreise. Hake ab, was du schon erledigt hast.

1. Ziehe dir einen Kittel an.

2. Lege deinen Arbeitsplatz mit **Zeitung** aus, damit der Tisch sauber bleibt.

3. Darauf kommt dein **bespannter Seidenmalrahmen.**

4. Zum Säubern brauchst du einen **Lappen.**

5. Zum Malen hole dir die drei **Grundfarben** _____, _____ und _____.

6. Für jede Farbe brauchst du einen **Pinsel** oder ein Ohrenreinigungsstäbchen.
   Überlege, warum die Pinsel während des Malens nicht vertauscht werden dürfen:

   _____

7. Zum Malen auf feuchter Seide brauchst du einen **Flächenpinsel** und

8. ein **Schälchen mit Wasser.**

9. Für die Salztechnik hole dir eine **Schale feines und**

10. eine **Schale grobes Salz.**

H. Fischer: Kreative Projekte zum textilen Gestalten
© Persen Verlag GmbH, Buxtehude

Experimente mit Farbe: Aquarelltechnik

Nass an nass malen

1. Folge der Arbeitsanweisung und trage deine Beobachtungen ein.

Wähle eine Farbe aus und male drei Punkte auf den Seidenstoff. Verteile die Punkte so auf der Fläche, dass noch viel Abstand zwischen ihnen bleibt.
Beobachte, was mit der Farbe, die du mit dem Pinsel aufgetupft hast, geschieht.

Die Punkte werden _____.

Wähle eine zweite Farbe und male Kreise um die Punkte herum. Male nicht direkt neben den Kreisen, sondern halte dabei einen kleinen Abstand.
Beobachte, was mit den farbigen Kreisen geschieht.

Die Farbe aus dem Kreis _____.

2. Probiere jetzt noch mehr aus und beantworte die Fragen.

❶ Welche Farbmischung entsteht,
   … wenn du einen roten Kreis um einen gelben Punkt malst? _____

❷ … wenn du einen gelben Kreis um einen blauen Punkt malst? _____

❸ … wenn du einen blauen Kreis um einen roten Punkt malst?_____

❹ Woran erinnert dich das Muster? _____

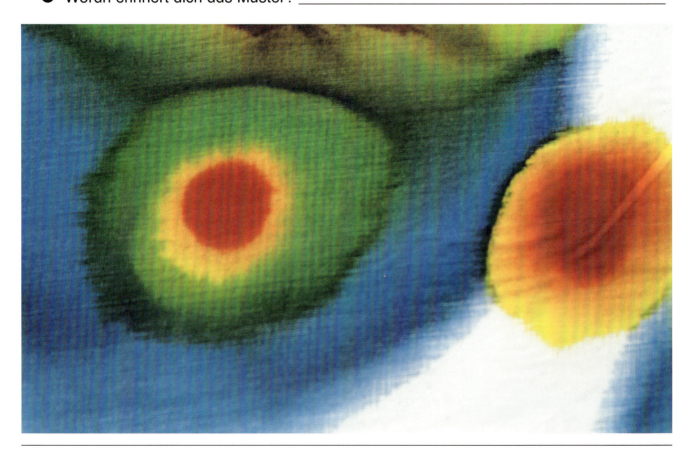

Experimente mit Farbe: Aquarelltechnik

Der Rändertrick mit der Nass-an-trocken-Technik

Erprobe, wie die Nass-an-trocken-Technik funktioniert und beantworte die Fragen.

1. Wähle eine Farbe aus und male Streifen auf den Seidenstoff. Verteile sie so, dass ein Abstand dazwischen bleibt.

2. Lass nun die Farbe auf dem Stoff trocknen oder trockne sie mit dem Fön.

3. Ist die Farbe trocken, wähle eine zweite Farbe und male neben die fertigen Streifen neue in einer anderen Farbe.
   Beobachte: Was geschieht mit der Farbe?

   _____

4. Vergleiche das Ergebnis mit deiner Nass-an-nass-Probe. Beschreibe, was anders ist:

   _____

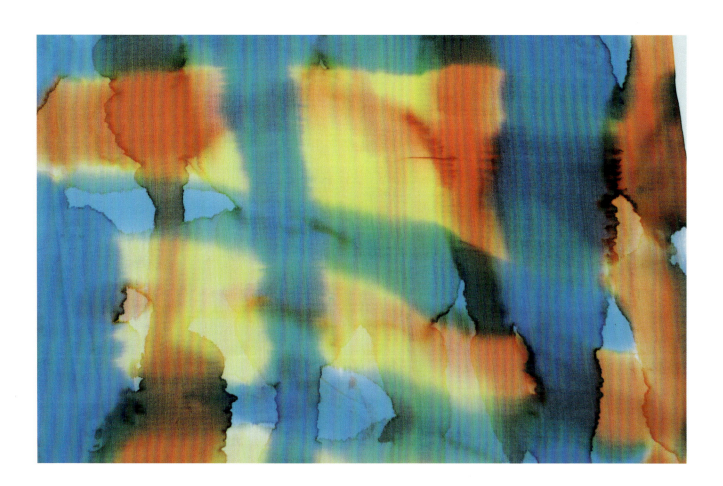

5. Woran erkennt man die Nass-an-trocken-Technik?

   _____

   _____

H. Fischer: Kreative Projekte zum textilen Gestalten
© Persen Verlag GmbH, Buxtehude

Experimente mit Farbe: Aquarelltechnik

Malen auf feuchtem Stoff

Beobachte, was geschieht, wenn du auf feuchtem Stoff malst.

1. Bisher hast du auf trockenem Stoff gemalt. Jetzt streiche den Stoff erst mit dem feuchten Flächenpinsel ein, bevor du ihn bemalst. Tauche den Pinsel in das saubere Wasser und befeuchte den Stoff gleichmäßig. Der Stoff sollte nicht zu nass und gut auf den Rahmen gespannt sein, damit er nicht einbeult.
2. Wiederhole die Aufgabe vom Arbeitsblatt 3 mit Punkten und Kreisen.
   Beobachte, was nun mit der Farbe geschieht. Beschreibe es.

   Die Farbe_____

3. Warum verhält sich die aufgetragene Farbe jetzt anders?

   _____

4. Probiere das Gleiche mit dem Streifenmuster vom Arbeitsblatt 4 und beobachte wieder.

   Die Farbe_____

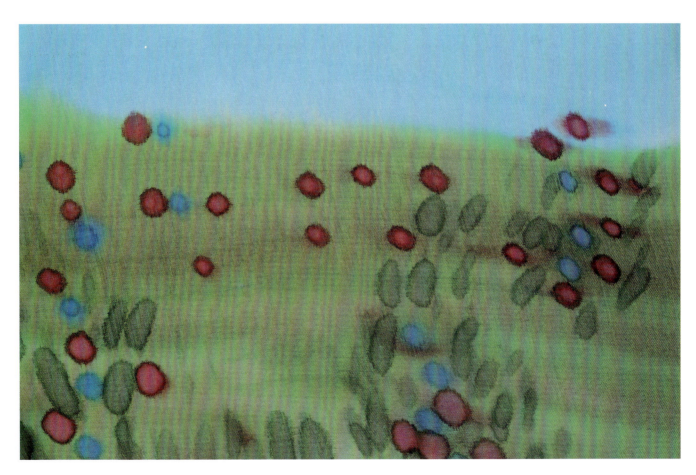

5. Die Technik wird angewendet, wenn man nicht möchte, dass die Farben …

_____

Experimente mit Farbe: Salztechnik

Experimentiere mit der Salztechnik.
Beschreibe, was geschieht.

Bei der Salztechnik malst du in einzelnen Schritten,
damit die Farbe feucht bleibt. Auf angetrockneter Farbe
kann das Salz nicht wirken.

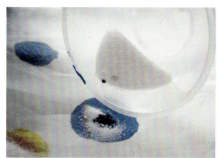

1. Überlege dir ein Muster (z. B. Kreise, Linien, Streifen) und male es zügig auf den Stoff.

2. Streue nun ein wenig grobes Salz auf die nasse Farbe und beobachte, was geschieht.

   Beschreibe:

   _____

   _____

3. Male an einer anderen Stelle weiter und streue dann ein wenig feines Salz auf die nasse Farbe. Beobachte wieder und beschreibe, was passiert:

   _____

   _____

4. Bemale deinen Stoff Stück für Stück weiter und streue immer wieder Salz auf die frisch gemalten Flächen.

5. Lass den Stoff trocknen.

6. Schütte das trockene Salz vorsichtig von deinem Stoff in eine Schüssel oder auf ein großes Stück Zeitungspapier.

7. Entferne auch die Reste, die noch am Stoff kleben, mit der Hand, mit einem sauberen trockenen Tuch oder Pinsel. Nun erkennst du die Musterungen, die durch das Salz entstanden sind.

8. Benenne den Unterschied zwischen den Mustern, die durch feines und grobes Salz entstanden sind:

   _____

   _____

H. Fischer: Kreative Projekte zum textilen Gestalten
© Persen Verlag GmbH, Buxtehude

Experimente mit Farbe: Konturentechnik

Die Farbe stoppen mit klaren Linien

Wenn du nicht willst, dass die Farben auf dem Stoff ineinanderverlaufen, musst du sie stoppen. Dafür gibt es eine extra Flüssigkeit, „Gutta" genannt.
Bevor du Gutta aufträgst, müssen die Linien genau mit dem Stift vorgezeichnet werden. Achte darauf, dass keine Lücken entstehen, denn dort fließen die Farben wieder ineinander. Sie finden genau ihren Weg.

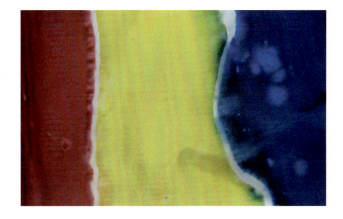

1. Zeichne mit dem Zeichenstift ein Bild oder ein Muster auf den Stoff. Drehe den Rahmen dazu um, sodass der Stoff auf dem Tisch aufliegt.

2. Drehe den Rahmen wieder um und zeichne mit Gutta alle Linien genau nach.

3. Nun muss das Konturenmittel trocknen.

4. Befeuchte dann den Stoff mit dem Flächenpinsel. Inzwischen weißt du auch, warum das nötig ist. Der Stoff wird angefeuchtet, damit die Farbe

_____

5. Wähle Farben und male die eingegrenzten Flächen damit aus. Nicht zu nahe an die Grenze kommen. Du weißt ja, die Farbe läuft von ganz allein dorthin.

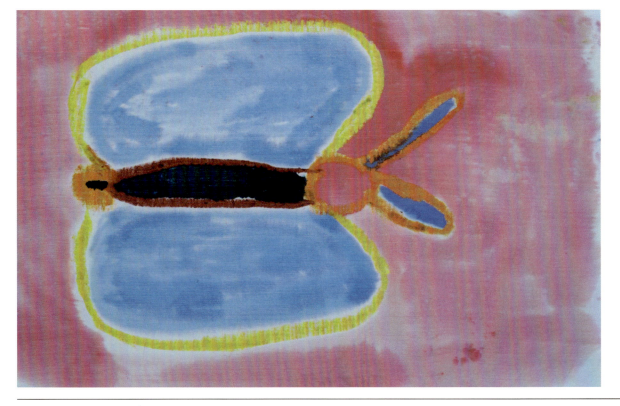

Experimente mit Farbe: Malen ohne Rahmen

Suche dir eine der drei Techniken aus und bemale deinen Seidenstoff nach Anweisung.

Du brauchst:
- ✓ 1 große Unterlage aus Plastik
- ✓ einige gleich große Joghurtbecher und Flaschen
- ✓ 1 Seidentuch oder -schal
- ✓ Pinsel
- ✓ Seidenmalfarben

Knautschtechnik

Am einfachsten ist es, den Seidenstoff zerdrückt auf eine Plastikunterlage zu legen und die Farben auf die geknautschte Seide zu malen. Wenn die Farbe auf dem Stoff getrocknet ist, kannst du ihn auseinandernehmen und das Ergebnis bestaunen.

Joghurtbechertechnik

Stelle einige gleichgroße Joghurtbecher unter deinen Seidenstoff. Verteile sie gleichmäßig. Wähle eine Farbe und male mit dem Pinsel ganz genau auf dem Rand eines Bechers.

Es entsteht eine _____- Form.

Fülle die Mitte der entstandenen Formen mit einer anderen Farbe und male den Rest des Stoffes aus.

Flaschentechnik

1. Stelle eine Flasche auf den Tisch und lege den feuchten Stoff darüber.

2. Drehe die stehende Flasche bis sie in den Stoff eingewickelt ist.

3. Wenn der feuchte Stoff an der Flasche klebt, drehe die nächste Flasche ein.

4. Sind alle Flaschen im Stoff eingewickelt, bemale ihn: Beginne oben beim Flaschenhals und male mit anderen Farben bis nach unten.

5. Lass die Flaschen eingewickelt stehen, bis die Farbe getrocknet ist. Danach wickle sie vorsichtig aus.

Lösungen und zusätzliche Informationen

Lösungen

Kap.II.1: Brennprobe (AB 1/Anhang): (5) orange, schnell, kurz; (6) schwarz, schmierig; (7) unangenehm, ähnlich wie verbrannte Woll- und Menschenhaare; (8) sehr unangenehm (Lehrerhinweis zu 7, 8: Verursacht durch den Eiweißanteil der Faser und des menschlichen Haares)

AB 2/Anhang/Stoffe untersuchen: Pongéseide: (1) glänzend, dünn; (2) glatt, weich, wärmend; (3) fest, strapazierfähig; (4) Wasser wird langsam aufgesogen; (5) durchsichtig, fein gewebt; (6) geeignet für: Sommerbekleidung, Sport (gibt Körperflüssigkeit ab, fühlt sich nicht nass an). Bouretteseide: (1) matt, dicker als Pongé; (2) weich, wärmend, fest; (3) haltbar; (4) Wasser wird langsam aufgesogen; (5) undurchsichtig, grob gewebt, unregelmäßig; (6) geeignet für: Sommerkleidung, elegante Kostüme, Kleider, Schals, Krawatten, Jacken.

1/ AB 1: Richtige Reihenfolge der Wörter: (1) Eier, (2) Seidenraupe, (3) Blätter, (4) Faden, (5) Kokon, (6) Schmetterling, (7) Metamorphose, (8) Raupen. Lösungswort: Umwandlung

1/AB 2: Reihenfolge der Wörter: (1) Seidenraupe, (2) Faden, (3) ausschlüpfen, (4) Stoffe, (5) Maulbeerspinner, (6) Loch

1/AB 3: Reihenfolge der Wörter: (1) China, (2) Seidenstraße, (3) Kamele, (4) Kaiser, (5) Könige, (6) Spione, (7) Kokon, (8) Seidenraupe, (9) Schmetterling, (10) Metamorphose, (11) Eier, (12) Raupen, (13) spinnen, (14) drei, (15) Stoffe, (16) Geheimnis.

2/AB 2: 5. rot, gelb, blau 6. Damit die Farben sich nicht unabsichtlich vermischen und verschmutzen.

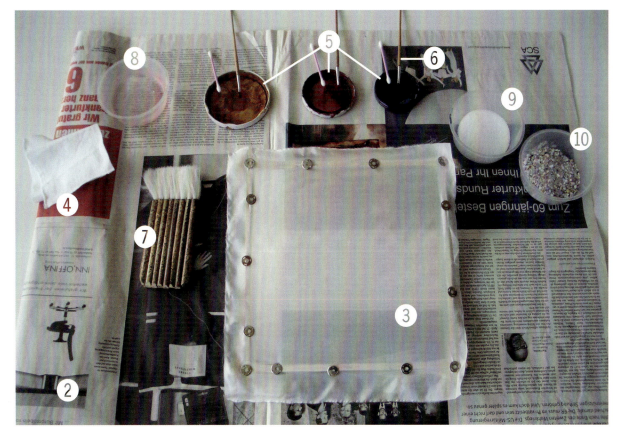

2/AB 3: 1. Die Punkte werden größer, weil sie in den Stoff einzieht.
Die Farbe aus dem Kreis zieht in den Punkt.
2. (1) orange; (2) grün; (3) lila; (4) Blumenmuster

2/AB 4: 3. Die Farbe zieht in die gemalten Streifen. 4. Es entstehen dunkle Ränder. 5. An den Trockenrändern.

2/AB 5: 2. Die Farbe zieht nicht so stark in den Stoff ein. 3. Der Stoff ist schon nass, daher kann die Farbe nicht weiter einziehen. 4. Wie Antwort Nr. 2. 5. Die Technik wird angewendet, wenn man nicht möchte, dass die Fraben stark ineinanderlaufen.

2/ AB 6: 2. Das Salz saugt die flüssige Farbe an. 3. Das Salz saugt wieder die flüssige Farbe an. 8. Durch feines Salz entstehen dünne Streifen, durch grobes dicke.

2/AB 7: 4.… nicht so stark verläuft und nicht über die Ränder hinweg läuft.

2/AB 8: … Kreis-Form.

Literatur

Bilderbücher:
Kexiong, Cheng u. Bang, Xü: Schau mal Seide, Luzern 1991

Bücher zur Verarbeitung von Seide, textile Techniken u. a.:
Henge, Renate: Malen auf Seide – kinderleicht, Niedernhausen/Ts. 1991
Itten, Johannes: Kunst der Farbe, Ravensburg 1970 (Farbkreis)
Kerting, Ursula/Riepe, Regina/Vest, Brigitte: Sie halten die Fäden in der Hand, Aachen 1991
    (Seidenverarbeitung in Indien, Asien I. Indien)
Las Hilanderas El Paso: Handycraft Silk Workshop www.lashilanderaselpaso.com (Ausstellungskatalog des
    spanischen Seidenmuseums auf La Palma, Bilder-CD auf deutscher Sprache)
Zechlin, Katharina: Seidenmalen mit Kindern, Stuttgart 1991

Materialien, Werkzeuge und Informationen

Anschauungs- und Informationsmaterial:
www.cocon-seide.com (Seidenschaukasten mit Kokons erhältlich, Lebenszyklus Seidenspinner),
www.coolture-fashion.de (unter: Seide), *www.fremde-kulturen.de/seidenstrasse/seide2.htm* (Seidenstraße),
www.holzkircher.de (unter: Magazin, Material, Seide), *www.payer.de* (Suchbegriff: Seide, Seidenraupe),
www.planet-wissen.de (Suchbegriff: Maulbeerspinner), *www.schmetterling-raupe.de* (Fotos vom
Maulbeerspinner werden auf Anfrage zur Verfügung gestellt), *www.siamsilk.de* (Thailand: Vom Kokon zum
Webstuhl), *www.silk-fashion.ch* (unter: Seidenstory, Gewinnung des Seidenfadens), *www.silkroadproject.org*
(Karte von der Seidenstraße, englischsprachige Seite)

Bezugsquellen Material und Werkzeuge für den Unterricht:
www.als-verlag.de/shop (Material, Werkzeuge, Unterrichtshilfen, Video Seidenmalen)
www.die-wollfabrik.com (Seidenstoffe und Kammzüge), *www.pavani.de* (Seiden-Stoffmuster u. Stoffe)
www.traub-wolle.de (Seidengarne und -Stoffe), *www.vbs-hobbywelt.de* (große Material- und Werkzeugauswahl
zum Seidenmalen), *www.wollknoll.de* (Kokons, Seidenfäden)

Versender (Kataloge) mit Seidentextilien:
www.hess-natur.com, www.waschbaer.de

Ideen und Rezepte für die Lehrkraft

Engel aus einer Baumwollkapsel

Täglich erleben die Kinder Baumwolle hautnah: Sie tragen Jeanshosen und -röcke, T-Shirts und andere Baumwollkleidung. Sie trocknen sich mit Frotteehandtüchern ab und schlafen unter Baumwollbettwäsche. Trotzdem wissen sie meist nicht, woher die Baumwolle, die gebräuchlichste natürliche Textilfaser, kommt.

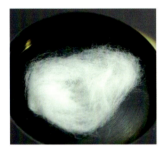

Baumwollfasern

Vergrößerung Baumwollfasern

Benötigte Materialien und Werkzeuge:
- ✓ Baumwollkapseln, Samen, Zweige (erhältlich bei der Bremer Baumwoll-börse), Watte
- ✓ Weltkarte
- ✓ verschiedene Baumwollgarne, -stoffe und -textilien
- ✓ Abbildungen, z. B. aus Katalogen mit Baumwolltextilien
- ✓ Scheren, Klebstoff und große Papier-bögen für eine Baumwoll-Wandzeitung
- ✓ Blumentöpfe und -erde für die Einsaat
- ✓ für die Brennprobe: kleine Stoff-, Faser- und Wattestücke, Pinzette, Teelicht, Streichhölzer, feuerfeste Unterlage, evtl. Schutzbrille

Aufgaben und Impulse:
- Mit geschlossenen Augen **Baumwoll-samen, Kerne und Kapseln fühlen.**
- Den **langen Weg vom Samen zum Kleidungsstück** verfolgen **(AB 1).**
- **Entkernte und nicht entkernte Baumwolle** fühlen und betrachten.
- Samen auf der Fensterbank zu **Baumwollpflänzchen heranziehen.**
- **Baumwollanbauländer** und -regionen (Baumwollgürtel) finden: hauptsächlich China, Russland, Indien, Pakistan, Ägypten, USA, Brasilien, Argentinien, Türkei, aber auch z. B. Afrika, Mexiko und der Süden Spaniens.
- **Geschichte der Sklaverei auf den Baumwollplantagen** in den Südstaaten der USA und heutige menschenunwürdige Arbeitsbedingungen z. B. bei der Jeans-Herstellung in China ansprechen (billige Massenprodukte aus Baumwolle).
- **Umweltproblematik:** Baumwolle reist mehrmals um die Welt, bevor das fertige Produkt den Verbraucher erreicht. Die riesigen Monokulturen werden mit Pestiziden behandelt (Ausnahme Bio-Baumwolle). Sie benötigen sehr viel Wasser in wasserarmen Gegenden.
- Die **Baumwollfaser mit Watte (Baumwollprodukt** aus sehr kurzen Samenfasern) **vergleichen.** Ansicht-, Fühl- und **Brennprobe (AB 1 + 2/Anhang)** machen: Die Farbe der Flamme und der Asche zeigen, dass Baumwolle eine pflanzliche Faser, also eine Zellulose-faser, ist. Der Geruch erinnert an Holz-feuer und Papier.
- Verschiedene **Stoffarten** aus Baumwolle **untersuchen und unterscheiden:** Jersey, Nessel, Frottee, Cord, Batist, Popeline, Jeansköper usw. **(AB 2 Stoffe untersuchen** im Anhang). Gewebte Stoffe, z. B. Jeans, sind fest, gestrickte, z. B. Jersey für T-Shirts, elastisch.
- Unter verschiedenen **Kleidungsstücken** solche **aus Baumwolle** herausfinden. Die eigene Kleidung untersuchen: Was ist aus Baumwolle?
- Die Eigenschaften der Baumwolle sind nützlich: Baumwolltextilien und ihren **Gebrauchszweck** herausfinden.

Wolle aus Pflanzen: Wie geht denn das?

Lies den Lückentext und füge richtig ein.

> weich ◆ LKWs ◆ Spinnerei ◆ Watte ◆ Schiff ◆ Nähmaschine ◆ Kerne ◆ Stoff
> Süd-Spanien ◆ Türkei ◆ Indien ◆ USA (Süden) ◆ Afrika ◆ Baumwollsamen

Die ❶ B_____ werden auf ein Feld gesät. Aus ihnen wächst ein blühender Strauch. Sind die Blüten verwelkt, springen die Samenkapseln auf. Mit der Hand oder mit

Maschinen werden diese Kapseln geerntet. Sie sehen aus wie ❷ W_____

und fühlen sich sehr ❸ w_____ an. Die harten ❹ K_____
werden herausgenommen

und die Fasern zu großen Ballen gepresst. Baumwolle wächst nur in sehr warmen

Gegenden, z. B. in ❺ S_____, ❻ T_____,

❼ I_____, ❽ U_____, ❾ A_____.

Von dort aus wird sie auf ❿ L _____ verladen und

über das Meer mit dem ⓫ S_____ auch zu uns nach Europa gebracht.

In der ⓬ S_____ spinnt man Fäden und färbt
sie danach ein. Auf Webmaschinen wird aus den Fäden ein

⓭ S_____ gewebt oder er wird auf Strickmaschinen gestrickt.

Mit der ⓮ N_____ näht man daraus verschiedene Textilien.

Zähle auf, welche du kennst.

_____

_____

_____

H. Fischer: Kreative Projekte zum textilen Gestalten
© Persen Verlag GmbH, Buxtehude

Ideen und Rezepte für die Lehrkraft

Mit Baumwolle lässt sich vielfältig gestalten. Baumwollfäden sind sehr reißfest und einfach zu verarbeiten. Die ausgewählten textilen Techniken eignen sich zum Erproben mit Kindern besonders gut. Aus den Häkel- und Flechtproben machen sich die Kinder gern Arm- und Haarbänder, aus den Makrameeproben (Knoten) lassen sich z. B. Schlüsselanhänger fertigen.

Schlüsselanhänger

Benötigte Materialien und Werkzeuge:
✓ Scheren und Maßbänder
✓ Klebeband zum Fixieren der Fadenanfänge auf dem Tisch
✓ praktisch sind Materialschalen oder Dosen zum „Parken" der Garnrollen u. a.
✓ Tampen (beim Schiffsausrüster oder im Baumarkt erhältlich) zum Demonstrieren der Fadentechniken

… zum Fingerhäkeln und Flechten (AB 1/2)
✓ Baumwollgarne in verschiedenen Stärken und Farben (von dick z. B. Baumwolluniversalgarn 3,8 mm, Fischereikettgarn, Topflappengarn 8/8, bis dünn z. B. Häkelgarn 1,3, Bändchengarn; anfangs möglichst starke Garne verwenden)
✓ ggf. Häkelnadeln (grob, Stärke 5 und mehr) zum Ausprobieren

Baumwollgarne

… zum Knoten (AB 3/4)
✓ dickes Baumwolluniversalgarn oder Kett- und Häkelgarn
✓ Rundstäbe oder Kleiderbügel mit Steg zum Einhängen der Fadenanfänge
✓ Schlüsselringe für Schlüsselanhänger
✓ Perlen mit großen Löchern für die Abschlüsse

Zubehör Makramee

Aufgaben und Impulse:

- **Verschiedene Baumwollfäden** nach Dicke und Aussehen sortieren.
- Die große **Festigkeit** von Baumwollfäden durch Ziehen erproben.
- Baumwollfäden **messen** und in der gewünschten Größe **abschneiden.**
- Techniken wie **Häkeln (AB 1), Flechten (AB 2)** und **Makramee (AB3/4)** mittels dicker Tampen zeigen und erproben.
- **Häkeltextilien** wie Topflappen, Spitzengardinen u. a. ansehen.
- **Häkelnadeln ausprobieren** lassen, wenn das Prinzip des Fingerhäkelns verstanden wurde.
- Mit der Häkelnadel kann man runde und eckige textile Flächen herstellen.
- **Zopffrisuren** ansehen: Wer kann einen Zopf flechten? Z. B. Rastazöpfe …
- **Seeleute** haben sich früher während ihrer monatelangen Seereisen auf den Segelschiffen die Zeit mit Knoten vertrieben. Tampen dazu gab es an Bord genug. Ursprünglich kam die **Knotentechnik** aus Arabien.
- Knotet man mit mindestens 6 Fadenpaaren, entsteht eine netzartige **textile Fläche.**
- Knotet man den Flachknoten immer in die gleiche Richtung, entsteht eine **Spirale: der Wellenknoten.** Wechselt man die Richtung bei jedem Knoten, bleibt er gerade und flach **(AB 4).** Daher der Name **Flachknoten.**
- Beim **Herstellen von Schlüsselanhängern** werden die Fäden doppelt genommen und die Fadenanfänge mit einer Schlinge durch den Schlüsselring gesteckt.
- Zum **Abschluss** verknotet man immer 2 Fäden miteinander. Wer mag, steckt vorher eine Perle auf.

Fingerhäkeln

Häkeln mit der Häkelnadel

Von links nach rechts: 1. Flachknoten, 2. Flachknoten als Netz, 3. Wellenknoten und halbe Schläge am Rand

H. Fischer: Kreative Projekte zum textilen Gestalten
© Persen Verlag GmbH, Buxtehude

Häkeln mit den Fingern

So kannst du mit den Fingern häkeln. Sieh dir die Bilder an und arbeite nach Anleitung 1– 8 nach.

Du brauchst:
- ✓ ein Maßband
- ✓ eine Schere und
- ✓ einen Baumwollfaden oder ein -knäuel

So geht's:

1. Lege mit dem Fadenanfang ein L in Schreibschrift.

2. Greife in das L hinein und hole dir den langen Faden.

3. Ziehe den Faden durch das L hindurch.

4. Nun hast du eine Masche gehäkelt.

5. Greife in diese Masche hinein und

6. ziehe den langen Faden dort hindurch.

7. Arbeite so weiter, bis dein Häkelband lang genug ist.

8. Schneide den Faden ab und ziehe ihn durch die letzte Masche.

Kennst du diese Topflappen, vielleicht von deinen Großeltern? Sie wurden auch gehäkelt. Mit einer Häkelnadel kann man eckige und runde Stoffe häkeln, aber auch Häkelmützen.

H. Fischer: Kreative Projekte zum textilen Gestalten
© Persen Verlag GmbH, Buxtehude

Flechten

Flechten ist gar nicht so schwer.
Die Anweisung und die Bilder dazu helfen dir dabei.

Du brauchst:
- ✓ ein Maßband
- ✓ eine Schere
- ✓ drei Baumwollgarne (Knäuel) in verschiedenen Farben und
- ✓ ein Stück Klebeband

So geht's:
1. Schneide dir drei Fäden in 50 cm Länge ab.
2. Verknote und klebe die Fadenanfänge auf den Tisch, damit sie nicht verrutschen.
3. Lege immer abwechselnd den rechten, danach den linken über den jeweils mittleren
   Faden, bis dein Zopf lang genug ist. Kannst du es, dann nimm statt drei Fäden 15 Fäden.

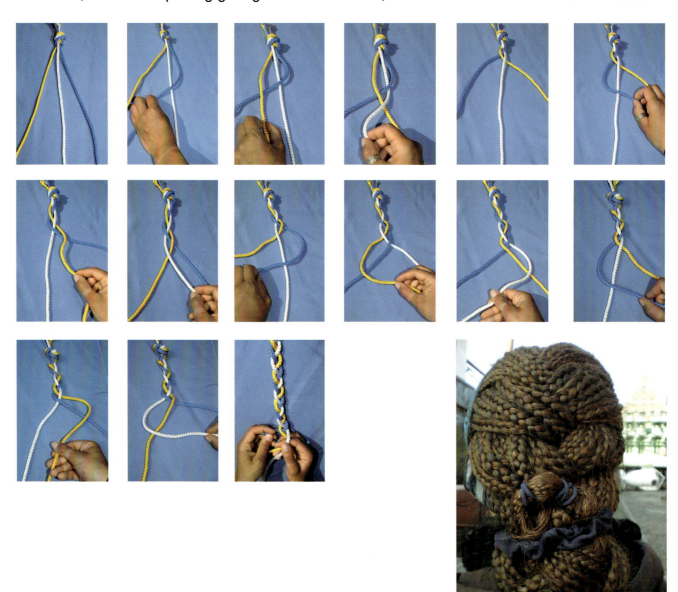

Eine Zopffrisur aus Rasterzöpfen

H. Fischer: Kreative Projekte zum textilen Gestalten
© Persen Verlag GmbH, Buxtehude

Knoten an Knoten: Makramee

Mit Knoten kann man tolle Muster machen. Diese Technik heißt Makramee.

Halbe Schläge knoten
Sieh dir die Bilder an und arbeite nach Anleitung weiter.

> **Du brauchst:**
> ✓ ein Maßband
> ✓ eine Schere
> ✓ zwei Baumwollgarne (Knäuel) in verschiedenen Farben (rot und blau)
> ✓ Klebeband
> ✓ Perlen

So geht's:
1. Schneide dir zwei Fäden in 50 cm Länge ab.

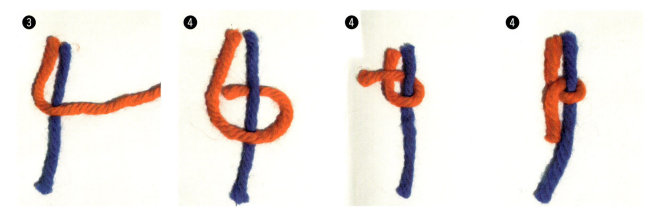

2. Klebe die Fäden (rot links, blau rechts) auf den Tisch.
3. Lege den linken roten Faden über den rechten blauen Faden.
4. Führe den roten unter dem blauen Faden hindurch und wieder über den roten.
5. Lege den blauen über den roten Faden.
6. Führe den blauen unter dem roten Faden hindurch, dann über den blauen.
7. Jetzt ist wieder der rote Faden dran: Mache ab Nr.3 weiter, bis deine lange Knotenkette mit halben Schlägen fertig ist.

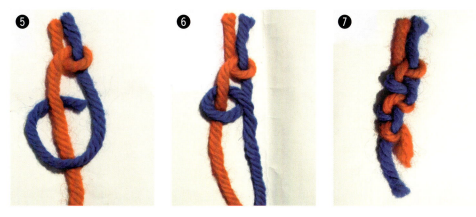

8. Ziehe zum Schluss eine Perle über jeden Faden. Mache einen einfachen Abschlussknoten, damit sie nicht herausfällt. Die Enden schneidest du ab.

Knoten an Knoten: Makramee

Der Flach- oder Weberknoten
Sieh dir die Bilder an und arbeite nach Anleitung weiter.

Du brauchst:
- ✓ ein Maßband
- ✓ eine Schere
- ✓ zwei Baumwollgarne (Knäuel) in verschiedenen Farben (blau und rot)
- ✓ Klebeband
- ✓ Perlen

So geht's:
1. Schneide 2 blaue Fäden in 100 cm und 2 rote Fäden in 50 cm Länge ab.
2. Befestige die Fäden mit Klebeband auf dem Tisch, die roten innen, die blauen außen.
3. Lege den linken blauen Faden über die beiden roten in der Mitte und unter den rechten blauen Faden.
4. Lege den rechten blauen Faden unter die beiden roten in der Mitte …
5. und über den linken blauen Faden. Ziehe rechts und links den Knoten ein wenig zu.

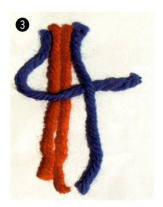

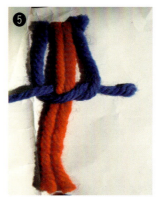
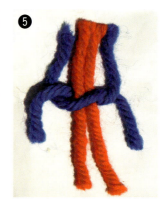

6. Lege den rechten blauen Faden über die mittleren roten Fäden und wieder unter den blauen.
7. Lege den linken blauen Faden unter die mittleren roten Fäden und
8. über den rechten blauen Faden. Ziehe wieder rechts und links den Knoten ein wenig zu.
9. Knote nun weiter wie ab Nr. 3 beschrieben, bis ans Ende der Fäden.

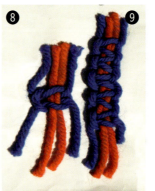
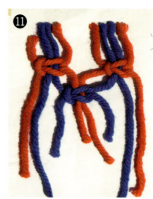

10. Zum Abschluss kannst du wieder Perlen einknoten, wie auf AB 3 beschrieben.
11. Mit der doppelten Menge der Fäden und mehr kannst du ein Netz knoten. Das ist dann aber schon etwas für Spezialisten.

H. Fischer: Kreative Projekte zum textilen Gestalten
© Persen Verlag GmbH, Buxtehude

Ideen und Rezepte für die Lehrkraft

Benötigte Materialien und Werkzeuge:
- ✓ Anschauungsmaterial: bedruckte Baumwollstoffe und -textilien
- ✓ Stoffmalfarbe, wasserlöslich in den Grundfarben und beliebtesten Mischfarben
- ✓ alte weiße Bettwäsche/Bettlaken für die Proben (glatt, unelastisch)
- ✓ Baumwollnessel als Meterware oder fertige Baumwolltextilien zum Gestalten
- ✓ Flachpinsel Gr.8–12
- ✓ Holzklötzchen (Größe ca. 8 x 8 cm) oder ausgediente Bausteine in jeweils gleicher Größe, quadratisch oder rechteckig für die Stempel
- ✓ Rechenpapier in gleicher Größe, Moosgummiplatten und Alleskleber zum Gestalten der Stempel
- ✓ Bleistift, Schere, Bügeleisen mit Unterlage
- ✓ wasserlösliche Zeichenbleistifte oder Phantomstifte und Lineale (40 cm) zum Vorzeichnen der Linien auf den Stoff
- ✓ Kittel und alte Zeitungen zum Schutz vor Farbklecksen
- ✓ Din-A3-Zeichenbögen, kariert, kleine Fertigstempel, Korken oder Kartoffelstempel, Wasserfarben, Tuschbecher und Pinsel zum Üben und Erproben verschiedener Rapporte
- ✓ glatte Din-A3-Unterlagen aus Pappe

Schülerstempel

Schülerarbeit

käufliche Stempel

Baumwollstoff kann recht einfach bedruckt werden. Kinder lieben es, mit selbst hergestellten Stempeln Baumwollstoffe dekorativ zu mustern. Von den verschiedenen Techniken der textilen Flächengestaltung ist diese besonders gut für Kinder geeignet. Sie lernen dabei eine gleichmäßig wiederkehrende Musterung kennen, den Rapport. Mit selbst hergestellten Stempeln erfahren die Kinder unmittelbar, wie diese Technik funktioniert. Jeder so bedruckte Stoff wird zu einem Unikat. Besonders gelungene Stoffproben lassen sich zu Beuteln verarbeiten: für Fühlsäckchen, zur Aufbewahrung von kleinen Rechenmaterialien u. a. Sollen fertige Baumwolltextilien bedruckt werden, gibt es eine große Auswahl zum Selbstgestalten: von den altbekannten Baumwolltaschen und -beuteln in verschiedenen Formen bis hin zu Rucksäcken, CD- und Handytaschen, Schlüsseletuis, Zeitungshalter, Utensilien-Wandbehängen, Adventskalender, Schürzen, Kissenbezügen, Tischdekorationen, T-Shirts und Regenschirmen.

Druck mit Fertigstempeln

Aufgaben und Impulse:

- **Bedruckte Baumwollstoffe und -textilien ansehen:** Musterungen entdecken und erkennen, in welcher Reihenfolge/ Wiederholung sie gedruckt wurden.
- Den Unterschied zwischen farbig gewebten und auf den fertigen Stoff gedruckten Mustern entdecken. Bei farbig gewebten Stoffen wurde das Garn gefärbt.
- **Formen in Größe der Druckstempel entwerfen** und auf Rechenpapier zeichnen **(AB 1).**
- Gezeichnete Form **überprüfen:** Ist sie einfach und flächig genug? Komplizierte Formen lassen sich schlecht drucken. Vorsicht bei Zahlen und Buchstaben: Sie müssen gespiegelt sein, sonst gerät der Druck verkehrt herum!
- **Stempel herstellen (AB 1)** und trocknen lassen.
- Die bekanntesten **Rapporte** (wiederkehrende Musterungen) **kennenlernen:** Reihung (Stempel in jedem Feld), Reihung mit Lücke (Stempel in jedem zweiten Feld), Ganzversatz (Schachbrettmuster), Spiegelung (jede 2. Reihe „steht Kopf"), Reihung mit Überschneidung (Form z. T. übereinander drucken) und mit **Wasserfarben auf Kästchenpapier erproben.** Als Stempel kann hier auch der eigene Zeigefinger benutzt werden.

Stoffmalfarben

BW-Stoff

Traditionelle Druckstöcke

- **Tipps für das Drucken:** Stempel mit Pinsel und Farbe gleichmäßig einstreichen, richtig herum halten, ein Mal senkrecht fest auf den Stoff drücken, gedrückt halten und gerade senkrecht wieder aufnehmen. Damit der Druck ebenmäßig aussieht, muss der Stempel vor jedem Drucken neu mit Farbe eingestrichen werden.
- Wird mit dem Zeigefinger gedruckt, Finger befeuchten, direkt in die Wasserfarbe reiben und drucken.

Drucke mit traditionellen Stempeln

H. Fischer: Kreative Projekte zum textilen Gestalten
© Persen Verlag GmbH, Buxtehude

- **Ergebnisse** nach Gleichmäßigkeit, Sauberkeit, Regelmäßigkeit des Druckes begutachten und Fehlerquellen besprechen.
- Bevor auf Stoff gedruckt wird, wählen die Kinder aus den hergestellten Papierproben ihre Lieblingsmuster.
- **Baumwollstoff (z. B. alte Bettlaken)** für Druckproben ca. 40 x 40 cm einschneiden und reißen. Diese Methode des Trennens ist bekannt, wenn die Kinder bereits Seide bemalt haben.
- Stoffproben bügeln, wenn nötig.
- Mit Lineal und Phantom- oder wasserlöslichen Stiften Linien im Abstand der Stempel auf den Stoff zeichnen.
- **Arbeitsplätze einrichten:** Untergrund glatt mit Zeitungspapier auslegen, Pappunterlagen verwenden, Farbauswahl treffen (pro Muster nur eine Farbe verwenden, sonst verschmutzt der Stempel), Pinsel, Schmierpapier zum Ablegen des Stempels und Stoff bereitlegen.
- **Rapport auswählen und drucken (AB 2).**
- Die Kinder können ihre Stempel und Farben untereinander tauschen. Wichtig ist, dass jeder Stempel seine Farbe behält. Bevor die Farbe gewechselt wird, muss der Stempel abgewischt und vorsichtig abgewaschen werden.
- Nach dem Trocknen der Farbe wird sie **durch Bügeln fixiert.**
  Achtung: Bügeleisen und Bügelbrett vor Farbverunreinigungen mit alten Baumwolltüchern schützen!
- Ist die Technik erprobt, lassen sich nach Wunsch **größere Objekte bedrucken.**

- **Tipp:** Werden doppelseitige Gegenstände bedruckt, immer eine Pappe oder starkes Papier zwischen die Stofflagen legen, da die Farbe durch den Stoff auf die andere Seite dringt.

Fehler

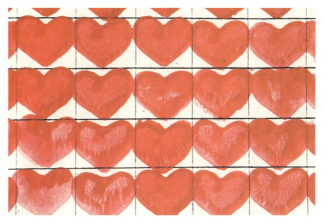

Reihung

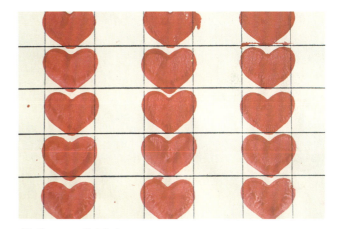

Reihung mit Lücke

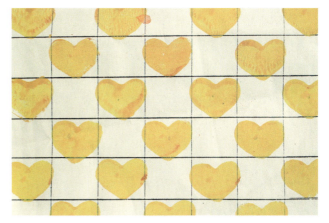

Ganzversatz

Einen Stempel herstellen

Fertige einen Stempel an. Die Bilder helfen dir dabei.

Du brauchst:
- ✓ eine Schere
- ✓ einen Bleistift
- ✓ Alleskleber
- ✓ ein Stück Holz
- ✓ Rechenpapier
- ✓ Moosgummi und
- ✓ eine Idee für eine Form

So geht's:

1. Denke dir eine einfache Form aus und zeichne sie auf das Papier.
   Prüfe: Passt sie genau auf das Stück Holz und ist sie einfach genug?

2. Schneide die Form aus und lege sie auf die Moosgummiplatte.

3. Zeichne die Umrisse deiner Form auf das Moosgummi.

4. Schneide die Form aus dem Moosgummi aus.

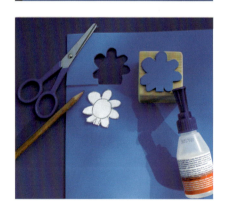

5. Streiche sie mit Alleskleber ein und drücke sie auf das Holzstück.

6. Der Klebstoff muss trocknen. Danach kannst du deinen Stempel ausprobieren.

H. Fischer: Kreative Projekte zum textilen Gestalten
© Persen Verlag GmbH, Buxtehude

Jetzt gibt's Druck – Muster gestalten

Mit deinem Stempel kannst du die verschiedensten Muster drucken. Versuch es einmal.

Du brauchst:
- ✓ Zeitungspapier
- ✓ Pappunterlage
- ✓ Stempel
- ✓ Pinsel
- ✓ Stoffmalfarbe und
- ✓ glatten Stoff aus Baumwolle mit eingezeichneten Linien

1. Schreibe die Namen der Muster unter die Bilder und drucke selbst.

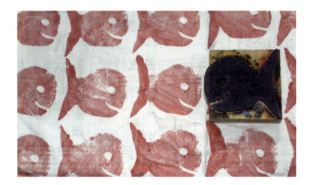

❶ _____   ❷ _____

❸ _____ ❹ _____ ❺ _____

2. Jetzt wird gedruckt.

❶ Schütze deinen Arbeitsplatz mit Zeitungspapier und ziehe einen Kittel an.

❷ Lege den Stoff glatt auf die Unterlage.

❸ Entscheide dich für ein Muster.

❹ Streiche deinen Stempel mit einer Farbe gleichmäßig ein.

❺ Halte den Stempel gerade und drücke ihn gleichmäßig und fest auf den Stoff.

❻ Drücke einen Moment, bevor du den Stempel vorsichtig senkrecht abnimmst.

❼ Streiche den Stempel nun neu ein.

❽ Überlege, wie es jetzt weitergeht und arbeite nach der Anleitung.

Lösungen und zusätzliche Informationen

Lösungen

Kap.III.1.

Die Brennprobe (AB 1/Anhang): (5) rot-orange, hell; (6) weiß; (7) verbranntes Holz oder Papier; (8) riecht erheblich unangenehmer

Stoffe untersuchen (AB 2/Anhang): (5) Wasser wird schnell aufgesogen.

Die anderen Antworten können sehr verschieden ausfallen, da Baumwollstoffe sehr unterschiedlich verarbeitet werden. Hier geht es um genaue Beobachtung.

1/AB 1: Reihenfolge: (1) Baumwollsamen, (2) Watte, (3) weich, (4) Kerne, (5) Süd-Spanien, (6) Türkei, (7) Indien, (8) USA (Süden), (9) Afrika, (10) LKWs, (11) Schiff, (12) Spinnerei, (13) Stoff, (14) Nähmaschine.

3/AB 2: (1) Reihung, (2) Reihung mit Lücke, (3) Reihung mit Überschneidung, (4) Ganzversatz, (5) Spiegelung

Literatur

Bilderbücher:

Bar, Amos und Glutman, Shuka: Schau mal, Baumwolle, Luzern 1987

Bücher zur Verarbeitung von Baumwolle, textile Techniken:

Benatzky, Maria und Küfer, Gretel: Faden, Stoff, Gewebe, Textilgestaltung Sekundarstufe, Bochum o. J.

Fehre, Hans (Hrsg.): Seemännische Handarbeiten, 17.Aufl.Hamburg 1942

Schenk, Gerd: Macramee-Technik, Als-Werkmappe (Kopiervorlagen www.als-verlag.de)

Täubner, Armin: Stoffdruck für Kinder, 6.Aufl.Stuttgart 1996

Hintergrundinformationen:

Aschke, Katja (Hrsg.): Kleider machen viele Leute, Reinbek 1990

Becktepe, Christa u. Strütt-Bringmann, Traude(Hg.): Der Stoff aus dem die Kleider sind, Meckenheim 1. Aufl. 1990 (Die Verbraucherinitiative)

Burmann; Alexandra: Baumwolle – weißes Gold im Ausverkauf, Bonn Mai 2004 (kostenloses Themenheft; Bezug über: www.welthungehilfe.de, Materialverzeichnis Art.-Nr.: 5326

Kersting, Ursula/Riepe, Regina/Vest, Brigitte: Sie halten die Fäden in der Hand – Miserior Materialien für die

Schule 15, Aachen 1991, daraus: M 21, M 66-72 Ausgenutzt und ausgebeutet – Industrienäherinnen in Bangladesh

Rivoli, Pietra: Reisebericht eines T-Shirts – Ein Alltagsprodukt erklärt die Weltwirtschaft, Berlin 2006

Weber, Carina/Parusel, Dagmar: Zum Beispiel Baumwolle, Göttingen 1998

Materialien, Werkzeuge und Informationen

Anschauungs- und Informationsmaterial:

www.aswnet.de (unter: ASW-Test Baumwolle, Materialien), www.baumwollboerse.de (unter: cotton-shop), www.fashion-base.de/Baumwolle.htm, www.pan-germany.org/ (Bauwollanbau ohne Pestizide), www.transfair.org/produkte/baumwolle.html (Baumwolle aus fairem Handel), www.sekem.com (Biologischer Baumwollanbau in Ägypten)

Baumwolltextilien zum Bedrucken, Stoff-Farbe, Garne, Stoffe, Werkzeuge, Unterrichtsmaterial:

www.als-verlag.de/shop , www.hobbyfix.de, www.labbe.de, www.lms.de , www.vbs-versand.de, www.winklerschulbedarf.de

Versender (Kataloge) mit überwiegend Baumwolltextilien:

www.assmus-natur.de, www.dw-shop.de, www.eddiebauer.de, www.hess-natur.de, www.panda.de, www.waschbaer.de

Ideen und Rezepte für die Lehrkraft

Es gibt noch weitere pflanzliche Faserstoffe, deren Gewinnung und Verarbeitung für Grundschüler interessant ist. Am Beispiel der Stängelfaser Flachs, aus der Leinenstoffe hergestellt werden, wird ihre aufwendige Verarbeitung deutlich. Die einst blühende Leinenindustrie in Europa wurde durch die einfacher zu verarbeitende und dadurch billigere Baumwolle völlig verdrängt. Durch die Ökologiebewegung gewinnt sie seit den 80er-Jahren wieder an Bedeutung, da beim Anbau dieser robusten Pflanze auf Pestizide verzichtet werden kann.

Flachsfasern

Vergrößerung

Benötigte Materialien und Werkzeuge:
- ✓ Leinsaat (aus dem Reformhaus), Blumentöpfe und Anzuchterde
- ✓ „ausgeraufte" Flachsstängel, möglichst mit Samen (z. B. aus dem Botanischen Garten, Freilichtmuseum) und Flachsfasern (Werg für Rohrabdichtungen aus Sanitärhandel)
- ✓ Abbildungen von Flachspflanzen, möglichst blühende
- ✓ Leinengarne, -stoffe und -textilien
- ✓ Abbildungen (aus Katalogen) mit Leinentextilien
- ✓ Europakarte
- ✓ Zubehör für die Brennprobe (siehe Anhang)
- ✓ Hanfgarn (Paketschnur) und Jutegarn, „Jute statt Plastik"-Einkaufsbeutel (Dro-Märkte), Kokosnuss, Brennnessel

Flachsstroh, gebrochen, Flachsfaser, gehechelt, Leinengarn und gebleichter Stoff

Aufgaben und Impulse:
- Mit geschlossenen oder verbundenen Augen **fühlen** die Kinder **Flachsstängel.** Sie **beschreiben,** was sie fühlen: glatt, hart, fest, stabil.
- Sie betrachten Leinsaat und Flachsstängel.
- Die **Samen** (Leinsamen) sind sehr nützlich und werden zu Leinöl, als gesundes Lebensmittel (z. B. in Leinsamenbrot) zur Seifen- und Farbenherstellung und für Viehfutter verarbeitet.

- Anhand der **Brennprobe** (siehe Anhang AB 1) finden sie heraus, dass es sich um eine pflanzliche Faser (Zellulosefaser) handelt.
- Sie sehen sich verschiedene **Leinengarne und -stoffe** an und **untersuchen die Eigenschaften** (siehe Anhang AB 2).
- Leinentextilien eignen sich für sommerliche Kleidung, Geschirrhandtücher, Tischwäsche.
- Die Kinder **säen Leinsaat** aus und zie-

hen Pflänzchen heran. (Der Leinsamen aus dem Reformhaus blüht weiß.)

- Im Heimatmuseum kann man die **Verarbeitung von Flachs ansehen.**
- **Der Weg vom Samen zum Stoff** wird nachvollzogen **(AB 1).**
- Früher gab es in Deutschland und unseren Nachbarländern viel Flachsanbau. Das wird auch in unseren Märchen deutlich. Frei nach dem **Märchen** von Hans Christian Andersen „Der Flachs" lesen die Kinder etwas über die Verarbeitung des Flachses bis hin zum Recycling **(AB 2).**
- **Weitere Märchen** dazu: Rumpelstilzchen, Dornröschen, Frau Holle.
- **Die Redewendungen** „Mach kein' Flachs" und ein Thema „durchhecheln", stammen aus dieser Zeit. Flachs wird vom Stroh zu „Gold" gesponnen. Der Begriff „Leinwand" kommt vom gewebten Leinenstoff.
- Auf der Europakarte finden die Kinder **Länder, in denen heute (wieder) Flachs angebaut wird (der Flachsgürtel):** Deutschland, Dänemark, Niederlande, Belgien, England, Irland, Polen, baltische Staaten, Russland, Österreich, Tschechien, Slowakei, Rumänien, Frankreich, Italien. Flachs gedeiht – im Gegensatz zu Baumwolle – in unserem gemäßigten Klima gut. Er hat es gern kühl und feucht. Ursprünglich kam er aus Indien und Ägypten. Selbst in China wird Flachs angebaut.
- **Andere Pflanzenfasern** und Produkte, die daraus hergestellt werden, sind interessant: Bei Jute (Rupfengewebe), Hanf (Fasern als Dichtungsmaterial im Sanitärhandel erhältlich, Schnüre und Gewebe) und Brennnessel werden wie beim Flachs die Pflanzenstängel verwendet. Brennnessel verspann man in Notzeiten z. B. nach dem Krieg. (Adressen und Material zu diesem Thema finden sich im Anhang) Aus Ramie, einer tropischen Brennnesselart, werden heute hochwertige Garne, Stoffe, Bänder und Papiere hergestellt.

Weitere Pflanzenfasern sind z. B. die Blattfaser Sisal, die Samenfaser Kapok, die Fruchtfaser Kokos (für Schnüre, Teppiche, Füllungen für Polster und Matratzen, Iso-

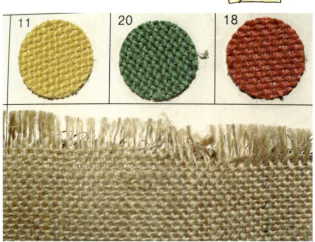

Jute

Brennnessel   *Hanf und Jute*

Sisal, Kapok, Kokos

Schautafel Pflanzenfasern

H. Fischer: Kreative Projekte zum textilen Gestalten
© Persen Verlag GmbH, Buxtehude

Mach kein' Flachs!

**Komm mit auf eine Zeitreise 200 Jahre zurück.
Füge diese Tätigkeiten mithilfe der Bilder in der
richtigen Reihenfolge ein.**

> Rösten und Dörren ◆ Säen ◆ Riffeln
> Schwingen ◆ Raufen ◆ Nähen ◆ Brechen
> Weben ◆ Färben und Drucken ◆ Spinnen
> Bleichen ◆ Hecheln

In runden Kapseln, den Flachsbollen, befinden
sich kleine Samen, die Leinsamen. Man kann sie
essen. Kennst du sie aus dem Leinsamenbrot?
Früher wurde bei uns sehr viel Flachs angebaut.
Daraus machte man Leinenstoff. Stell dir vor, du
bist ein Bauer oder eine Bäuerin und sorgst selbst
für die Kleidung deiner Familie.

1. _____:

Die Samen säst du im Frühling auf ein Feld aus.
Die Pflanzen wachsen dort wie Getreide und wer-
den ungefähr einen Meter lang. Im Juni blühen sie.
Nachdem die Blüten verblüht sind, sieht man die
Samenkapseln.

2. _____:

Wenn die Samenkapseln und die Halme, auch
Stängel genannt, braun geworden sind, wird der
Flachs geerntet. Er wird nicht gemäht, sondern mit
der Hand ausgerupft, das Raufen.

3. _____:

Damit sich die Flachsbollen mit den Samen von
den Halmen trennen, ziehst du den Flachs durch
die Eisenzähne des Riffelkammes. Die Samen
hebst du für die nächste Saat auf oder presst
Leinöl daraus.

4. _____:

Das Flachsstroh muss zur Röste auf dem Feld im
feuchten Tau oder im Wasser verrotten, damit sich
der Pflanzenleim vom Stängel löst. Danach legst
du es zum Trocknen und Dörren an einen warmen
Platz. Im Winter, wenn die Feldarbeit erledigt ist,
wird der Flachs drinnen weiterverarbeitet.

H. Fischer: Kreative Projekte zum textilen Gestalten
© Persen Verlag GmbH, Buxtehude

5. _____:

Auf diesem Holzgestell, der Flachsbreche, brichst du das Flachsstroh, damit sich die holzigen Teile lösen und es geschmeidig wird.

6. _____:

Mit dem Schwingmesser klopfst und schabst du nun die restlichen kleinen Holzteilchen aus dem Stroh.

7. _____:

Je öfter du das Flachsstroh durch die Nadeln der groben bis feinen Hecheln ziehst, desto feiner wird es. Dann sieht es wie langes Haar aus.

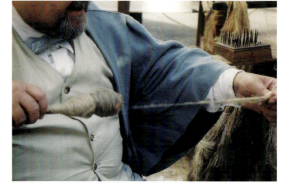

8. _____:

Mit dem Spinnrad oder der Spindel spinnst du einen Faden daraus.

9. _____:

Auf dem Webstuhl webst du aus den Fäden einen Leinenstoff.

H. Fischer: Kreative Projekte zum textilen Gestalten
© Persen Verlag GmbH, Buxtehude

10. _____ :

Im Sommer legst du den Stoff zum Bleichen in die Sonne, damit er weiß wird.

11. _____ :

Den Stoff bringst du zum Färber oder zum Blaudrucker. Er druckt ein schönes Muster darauf.

12. _____ :

Nun kannst du Bettwäsche, Tisch- und Hand-tücher, Schürzen, Hemden, Hosen, Röcke und Kleider daraus nähen. Aber nur mit Nadel und Faden! Eine Nähmaschine gab es noch nicht in dieser Zeit.

Ende der Zeitreise! Wie ist es heute?
Es gibt nur noch wenig Flachsanbau.
Es wird aber wieder mehr.
Maschinen nehmen uns die Arbeit ab.

Ein Märchen oder nicht?

Lies das Märchen und unterstreiche die Arbeitsschritte bis zum Wäschestück.

1 **Der Flachs** blühte mit schönen blauen Blumen. Sie waren feiner als die Flügel der Motte. Die Sonne beschien den Flachs, die Regenwolken begossen ihn. Das tat ihm so gut, wie es kleinen Kindern gut tut, die von ihrer Mutter gewaschen werden und dann einen Kuss bekommen.

5 „Die Leute sagen, dass ich sehr gut stehe", sagte der Flachs, „und dass ich schön lang werde. Es wird ein prächtiges Stück Leinenstoff aus mir werden! Ich bin der Glücklichste von allen!"
„Ja, ja", sagten die Zaunpfähle, „du kennst die Welt nicht so wie wir."
Und dann knarrten sie ganz jämmerlich:„Schnipp, schnapp, schnurre, Baselurre. Aus ist

10 das Lied!"
„Nein, es ist nicht aus!", sagte der Flachs. „Die Sonne scheint am Morgen, der Regen tut gut. Ich kann hören, wie ich wachse und fühlen, wie ich blühe. Ich bin der Allerglücklichste!"
Aber eines Tages kamen Leute, die den Flachs packten und mit der Wurzel herausrissen. Er wurde in Wasser gelegt, als ob er ersäuft werden sollte. „Es kann einem nicht

15 immer gut gehen", sagte der Flachs, „man muss seine Erfahrungen machen."
Aber es wurde sehr schlimm: Der Flachs wurde gerissen und gebrochen, gedörrt und gehechelt. Er kam auf den Spinnrocken: schnurre rrr! Da wurde ihm ganz schwindelig!
„Ich bin glücklich gewesen", dachte er bei all seinem Schmerz. „Man muss froh sein über das Gute, was man genossen hat", sagte er noch, als er auf den Webstuhl kam und zu

20 einem herrlichen großen Stück Leinenstoff wurde. Aller Flachs, jedes einzelne Pflänzchen kam in diesen Stoff. Das hätte er nie geglaubt. Er war glücklich. Die Zaunpfähle hatten gut Bescheid gewusst mit ihrem: „Schnipp, schnapp, schnurre, Baselurre!", dachte er. „Aber das Lied ist gar nicht aus! Es fängt erst richtig an: „Zuerst habe ich gelitten, aber nun bin ich so stark und so weich, so weiß und so lang! Ich werde jeden Morgen

H. Fischer: Kreative Projekte zum textilen Gestalten
© Persen Verlag GmbH, Buxtehude

25 gewendet und lasse mich von der Sonne bescheinen. Die Leute sagen, dass ich das
beste Stück bin. Glücklicher kann ich gar nicht werden!"
Nun kam der Leinenstoff ins Haus. Mit der Schere schnitt man in ihn hinein und mit der
Nähnadel stach man ihn! Das war kein Vergnügen! Aus dem Leinenstoff wurden zwölf
Stücke Wäsche genäht. „Jetzt ist erst etwas aus mir geworden und ich nutze den Men-
30 schen. Dazu war ich also bestimmt", dachte der Flachs. „Wir sind auf einmal zwölf geworden. Was ist das für ein Glück!"
Nach vielen Jahren waren sie zerschlissen. „Einmal muss es ja vorbei sein", dachte
jedes Stück. „Ich hätte gern noch länger gehalten, aber man darf nichts Unmögliches
erwarten."
35 Die Stücke wurden in Fetzen zerrissen, zerhackt, zerquetscht und zerkocht. Als sie nicht
mehr wussten, wie ihnen geschah, wurden sie schönes, feines, weißes Papier. „Was für
eine herrliche Überraschung!", sagte das Papier, „nun bin ich noch feiner und kann sogar
beschrieben werden. Das ist mehr, als ich mir erträumen konnte, als ich noch eine blaue
Blume war: Die Leute schreiben allerschönste Geschichten auf mich. Sie lesen, was auf
40 mir steht. Es macht die Menschen klüger. Wie wunderbar!" Später wurde das Papier bei-
seitegelegt. Eines Tages nahm man es und steckte es in den Ofen. Es sollte helfen, das
Holz zum Brennen zu bringen. „Uh!", sagte es, als es eine Flamme wurde und höher hin-
aufflog als der Flachs jemals wachsen kann – und so glänzte, wie das Leinen niemals
glänzen konnte.
45 Die Kinder standen dabei, freuten sich über die roten fliegenden Funken und sangen:
„Schnipp, schnapp, schnurre, Baselurre! Aus ist das Lied!"
Aber feiner und leichter als die Flammen schwebten so viele unsichtbare Wesen, wie der
Flachs Blüten getragen hatte, in den roten Funken. Sie sangen alle: „Das Lied ist nie aus
und deswegen bin ich der Allerglücklichste!" Aber das konnten die Kinder nicht hören
50 und verstehen.

Lösungen und zusätzliche Informationen

Lösungen

Die Brennprobe (AB 1/Anhang) bei Leinen fällt so aus: (5) orange, schnell, kurz; (6) weiß, staubig; (7) angenehm nach Holz oder Papier (Verursacht durch den Zelluloseanteil der Faser).

Stoffeigenschaften (AB 2/Anhang): (1) glänzend, dünn; (2) glatt, hart, steif, kühlend; (3) fest, strapazierfähig, haltbar, reiß- und scheuerfest; (4) Wasser wird aufgesogen; (5) meist durchsichtig, fein gewebt; (6) Leinen nimmt durch die glatte Faserstruktur wenig Schmutz auf, bakterienhemmende Oberfläche, geringe Elastizität, knittert stark, hohe Festigkeit im nassen und trockenen Zustand, eignet sich für stark beanspruchte Kleidung und Tischwäsche, leitet Wärme, kühlt im Sommer, geeignet für leichte Sommerkleidung, hat lange Fasern, flust und fusselt nicht, daher für Geschirrtücher geeignet.

AB 1:   1. Säen, 2. Raufen, 3. Riffeln, 4. Rösten und Dörren, 5. Brechen, 6. Schwingen, 7. Hecheln,
           8. Spinnen, 9. Weben, 10. Bleichen, 11. Färben und Drucken, 12. Nähen

AB 2:   Unterstreichen:
           16/17: … gerissen und gebrochen, gedörrt und gehechelt.
           17:    … kam auf den Spinnrocken.
           19/20: … als er auf den Webstuhl kam und zu einem herrlichen großen Stück Leinenstoff wurde.
           24/25: Ich werde jeden Morgen gewendet und lasse mich von der Sonne bescheinen.
           27/28: Mit der Schere schnitt man in ihn hinein und mit der Nähnadel stach man ihn!
           28/29: Aus dem Leinenstoff wurden zwölf Stücke Wäsche genäht.

Literatur

Lukas, Josef (Hrsg.): Die goldene Spindel – Spinnstuben- und Webermärchen aus vielen Jahrhunderten,
    2.Aufl. Münsingen 1981
Jessen, Elisabeth: Wo bald wieder der Flachs blüht, Hamburger Abendblatt 19.3.02
Melzer, Elisabeth: Vom Flachs zum Leinen, Kraut &Rüben 3/99
Ossiek, Christiane: Linum usitatissimum – der äußerst nützliche Lein, in: „Das Lavendelschaf". Ausgabe 3/03
Rosenkranz,Gerd: Edle Tücher aus dem Unkraut, Der Spiegel 10/2000
Tidow, Klaus: Die Leineweber in und um Neumünster, Neumünster 1976
    (Veröffentlichungen des Fördervereins Textilmuseum Neumünster e.V.)

Materialien, Werkzeuge und Informationen

Anschauungs- und Informationsmaterial:

www.bafa-gmbh.de (Alles über Hanfverarbeitung, Bilder), *www.fashion-base.de/Verbaende-Faserstoffe* (Gesamtverband der Leinenindustrie, Detmolder Str.30D, 33604 Bielefeld, Sachsen-Leinen e.V., Ebersbacher Str.1, 08396 Waldenburg)
www.fnr.de (Material zu nachwachsenden Rohstoffen, kostenlose Lieder-CD „Rumpelstil: Dr. Nawaro",
www.hanflabyrinth-bayern.de (Projekt mit Bildern)
www.holstein-flachs.de (Flachsverarbeitung), *www.maerchengarten.net* (Spinn- und Webermärchen, unter: Kinderprogramm, Jahreszeitenmärchen: Vom Flachs zum Gold unter Auswahl: Die blaue Blume aus dem Eisschloss)
www.nova-institut.de (Flachs u. Hanf, Zukunftschancen), *www.poema-deutschland.de* (u. a. Projekt mit Kokosfasern), *www.stoffkontor-ag.de* (Verarbeitung und Produkte aus Brennnesseln)

Bezugsquellen für Flachs, Leinen und andere Pflanzenfasern:

www.als-verlag.de/shop (Bezug von Jutegarn und Jutegewebe), *www.grueneerde.de* (Wohntextilien aus Leinen und anderen pflanzlichen Fasern), *www.hanfhaus.de* (Hanfprodukte), *www.traub-wolle.de,* (Leinengarne), *www.stoffkontor-ag.de* (Verarbeitung von- und Produkte aus Brennnesseln)

Brennprobe

Mache die Brennprobe.

Tuch und Technik Museum Neumünster

Du brauchst:
- ✓ kleine Stoffstücke und Fasern aus Baumwolle, Leinen, Seide und Schurwolle
- ✓ Pinzette oder Greifzange, Teelicht, feuerfeste Unterlage (Tablett oder Blech)
- ✓ Anzünder oder Streichhölzer (mit Erlaubnis!), Wasser zum Ablöschen
- ✓ Schutzbrille

1. Stelle ein feuerfestes Tablett als Unterlage auf den Tisch.

2. Lege Pinzette, Teelicht und ein sehr kleines Stückchen Stoff oder Faserbüschel darauf.

3. Zünde das Teelicht an oder bitte deine Lehrkraft, es zu tun.

4. Nimm jeweils ein Stoffstückchen oder wenige Fasern mit der Pinzette auf und halte sie vorsichtig in die Nähe der Flamme, bis es brennt.

5. Beobachte, welche Farbe die Flamme hat und wie sie brennt.

_____

6. Welche Farbe und welches Aussehen hat die Asche?

_____

7. Wie riecht die Brennprobe? Woran erinnert dich dieser Geruch?

_____

8. Schneide ein eigenes Haar ab und mache die Brennprobe.

   Wie riecht das? _____

9. Damit habe ich die Brennprobe gemacht:

   Klebe hier die Faser oder ein Stück Stoff ein.

   Name der Faser: _____

Stoffe untersuchen

Probiere aus und mache dir Notizen.

1. Lege den Stoff vor dich hin. Wie sieht er aus? Kreuze an.

☐ glänzend, ☐ matt, ☐ dick, ☐ dünn

2. Befühle den Stoff. Wie fühlt er sich an?

☐ rau, ☐ glatt, ☐ weich, ☐ hart, ☐ steif,

☐ fest, ☐ flauschig, ☐ wärmend, ☐ kühlend

3. Reiße den Stoff. Wie reagiert er?

☐ locker, ☐ elastisch, ☐ fest, ☐ strapazierfähig, ☐ empfindlich,

☐ reißfest, ☐ haltbar

4. Übergieße den Stoff mit einigen Tropfen Wasser und beobachte:

☐ Wasser perlt ab. ☐ Wasser wird aufgesogen.

5. Halte den Stoff gegen das Licht. Was siehst du?

☐ durchsichtig, ☐ undurchsichtig, ☐ grob gewebt,

☐ fein gewebt, ☐ grob gestrickt, ☐ fein gestrickt, ☐ gefilzt

6. Überlege, wozu dieser Stoff sich besonders eignet:

☐ für Winterkleidung, ☐ Sommerbekleidung, ☐ Sport, ☐ Freizeit,

☐ Wäsche im Haushalt z. B. in Küche, Wohn- und Schlafbereich, ☐ Dekoration

7. Klebe hier die Stoffprobe auf:

> Meine Stoffprobe.

8. Mein Stoff heißt: _____

H. Fischer: Kreative Projekte zum textilen Gestalten
© Persen Verlag GmbH, Buxtehude

Literaturverzeichnis, Bezugsquellen und Bildnachweis

Literatur

Birk, Fritz: Verkaufsorientierte Textilwarenkunde, Bad Homburg v.d.Höhe. Berlin/Zürich 1980

Bollenhagen, Britta: Geschickt eingefädelt, 1. Aufl. Donauwörth 2007

Bleckwenn, Ruth: Textilgestaltung in der Grundschule, Limburg 1980

Cohn, Erika, Simonis, Ursula: Spinnen – Weben – Nähen, 1. Aufl. Villingen 1980

El-Gebali-Rüter: Textilien für uns. 2.Aufl. Hamburg 1991

Fahl, Josef A.: Textilwaren im Verkauf, 35. durchges. Aufl. Darmstadt 1980

Fischer, Hanna: Textilwerkstatt – Von der Faser zum Färben und Nähen, 1.Aufl. Buxtehude 2008

greenpeace magazin: Textil-Fibel 2, neue Ausgabe Hamburg 2007 ((www.greenpeace-magazin.de))

Kutsch, Irmgard/Walden, Brigitte: Natur-Kinder-Garten-Werkstatt Winter u. Frühling, Stuttgart 2001

Lohf, Sabine: Ich mach was mit Stoff, 5. Aufl. 1994

Peltola-Kopp, Pirkko: Textiles Werken Heft 1, Hamburg 1980

Rosenkranz, Bernhard/Castelló, Edda: Textilien im Umwelt-Test, Reinbek 1993

Schlieper, Cornelia A.: Textilarbeit Schritt für Schritt, Hamburg 1997

Schulte-Huxel, Anne/Sperber, Achim: Stoff, Garn, Wolle, Augsburg 1997

Materialien, Werkzeuge und Informationen über Naturtextilien

Anschauungs- und Informationsmaterial:

www.fashion-base.de/Verbaende-Faserstoffe.htm (Textilportal, Adressen Textilverbände, Infos über verschiedene Faserstoffe)

www.holzkircher.de (gute Naturfaserinfos unter: Magazin, Material)

www.naturtextil.com (Verband Naturtextil-Wirtschaft)

Bezugsquellen Material und Werkzeuge:

www.burkhard-dreier.ch (Rohgarne Wolle, Seide, Baumwolle)

www.naturfasern.com (Naturfasern und Garne)

www.pavani.de (Naturfaserstoffe u. Stoffmuster)

www.spycher-handwerk.ch (Naturfasern, Werkzeuge)

www.traub-wolle.de (Woll- , Seiden- u. Leinengarne, Fasern, Stoffe, Werkzeuge)

www.wienerwebwaren.at (Materialien, Werkzeuge)

Versandhandel (Kataloge) Naturtextilien:

www.assmus-natur.de, www.dw-shop.de, www.eddiebauer.de, www.hess-natur.de, www.maas-natur.de, www.panda.de, www.waschbaer.de

Für die freundliche Fotografiererlaubnis gilt mein Dank dem Museum Tuch und Technik in Neumünster (*www.tuch-und-technik.de*) und der Museumswollspinnerei Wiese, dem Industriemuseum Elmshorn (*www.industriemuseum-elmshorn.de*), dem Seidenmuseum „Las Hilanderas" in El Paso/La Palma, Spanien (*www.lashilanderaselpaso.com*), Herrn W. Rautzenberg mit seiner Wanderausstellung „3000 Jahre Flachs und Leinen" 2003 in Schenefeld und dem Zentrum für Schulbiologie und Umwelterziehung (ZSU) Hamburg (*www.li-hamburg.de/zsu*).

Bildnachweis:

Fotos: S. 44 Abb. 3, 4 und S. 45 Abb. 1 mit freundlicher Genehmigung des Seidenmuseums „Las Hilanderas" in El Paso/La Palma, Spanien

Schöne Werkstücke aus Papier, Holz und mehr!

Ursula Gareis

Kinder entdecken Otmar Alt

Die kunterbunte Fundgrube für den Kunstunterricht

Der deutsche Künstler Otmar Alt ist bekannt für seine unverwechselbare Bildsprache. Auf vielfältige Weise lassen sich die Kinder – frei nach Alt – zu eigenen Kunstwerken inspirieren: Sie gestalten Wesen zu seltsamen Namen, erstellen gemeinsam einen Fries mit Katzen, entwerfen fantasievolle Brillen für jede Gelegenheit, bauen leuchtende Laternen, entwickeln Bühnenbilder und Kostüme für ein Theater in der Schachtel, drucken Überraschungstiere u. v. m. Mit vielen tollen Unterrichtsvorschlägen und praktischen Tipps auch für fachfremd unterrichtende Lehrerinnen und Lehrer!
So entdecken Ihre Schüler/-innen die fantastische Welt des Otmar Alt!

Buch
96 Seiten, farbig, DIN A4
1. bis 4. Schuljahr
Best.-Nr. 3538

Foliensatz
22 Farbfolien, DIN A5
1. bis 4. Schuljahr
Best.-Nr. 3539

Hanna Fischer

Holzwerkstatt – Vom Baum zum Spielzeug

Metallwerkstatt – Metall eine Form geben

Textilwerkstatt – Von der Faser zum Färben und Nähen

Reich bebilderte Kopiervorlagen und Arbeitsblätter zur Werkstatt-, Werkzeug- und Materialkunde

Unterricht in der Schulwerkstatt ist immer auch eine Herausforderung: Welche Werkzeuge und Maschinen benötige ich? Wie vermittle ich den richtigen und zweckmäßigen Umgang mit den Werkzeugen? Was muss man über das Material wissen und wie bearbeite ich es? – Und nicht zuletzt: Wie sorge ich für einen geordneten und sicheren Ablauf im Unterricht mit einem attraktiven Ergebnis am Ende des Projekts? Drei Hefte, drei Themenbereiche: Anhand der Kopiervorlagen mit vielen Detailfotos lernen Ihre Schülerinnen und Schüler die Holz-, Metall- und Textilwerkstatt und die jeweiligen Werkzeuge und Hilfsmittel kennen. Sie erkunden die besonderen Eigenschaften des Materials – bis sie schließlich so weit sind, nach einer reich bebilderten Schritt-für-Schritt-Anweisung ein Werkstück herzustellen.
Von der Werkstatt über Werkstofferkundung bis hin zum attraktiven Produkt!

Buch, jeweils ca. 50 Seiten, DIN A4

Holzwerkstatt – 5. bis 9. Schuljahr
Best.-Nr. 3744
Metallwerkstatt – 5. bis 9. Schuljahr
Best.-Nr. 3745
Textilwerkstatt – 5. bis 9. Schuljahr
Best.-Nr. 3746

Gabi Biergans, Astrid Keuck

Filzen
Neue Ideen für das textile Gestalten

Mit dem „Filzen" lernen Schüler/-innen anhand eines der ältesten Handwerke, wie man Rohwolle zu einem textilen Produkt verarbeitet. Dieser Band verbindet die alte Technik mit neuen Ideen und zeigt vielfältige Möglichkeiten des flächigen und plastischen Gestaltens. Ob Jonglierbälle, Armreifen oder Handytasche – mit den originellen Anregungen dieses Bandes gestalten die Kinder motiviert und kreativ individuelle Produkte. Jede der 16 Unterrichtssequenzen ist übersichtlich dargestellt. Detaillierte Angaben zu Zeit- und Materialaufwand sowie eine Anleitung für die Lehrkraft und Arbeitspläne für die Schülerhand ermöglichen die problemlose Umsetzung im Unterricht.
Filzen: Über 2.500 Jahre alt, aber kein bisschen verstaubt!

Buch, 80 Seiten, farbig, DIN A4
1. bis 4. Schuljahr
Best.-Nr. 3659

Rosemarie Schmidt

Jahreszeitliche Textilgestaltung in der Primarstufe

Praktische Arbeitsanleitungen für pfiffige Objekte

Vom Fadenlegen über das Kleben bis hin zu Applikationen und Patchwork – die Schüler/-innen erlernen kreative Gestaltungstechniken und haben viel Spaß am individuellen Gestalten. Auch für fachfremd unterrichtende Lehrkräfte geeignet!
Kreativ durch das ganze Jahr!

Mappe mit Kopiervorlagen, 50 Seiten, DIN A4
Ab 1. Schuljahr
Best.-Nr. 2286